Labores decorativas para la casa

Editor: Jesús Domingo
Edición a cargo de Eva Domingo
Revisión técnica: Rosario Casanovas

Tilda Hus/Sew Pretty Homestyle
Publicado por primera vez en 2006 con el título
Tilda Hus por Cappelen Hobby, 2006

© 2006 *by* Tonne Finnanger, J.W. Cappelen
Forlag AS, Cappelen Hobby, 2006
© 2009 de la versión española
by Editorial El Drac, S.L.
Marqués de Urquijo, 34. 28008 Madrid
Tel.: 91 559 98 32. Fax: 91 541 02 35
E-mail: info@editorialeldrac.com
www.editorialeldrac.com

Diseño de cubierta: José M.ª Alcoceba
Traducción: Ana María Aznar

ISBN: 978-84-9874-042-4

Bienvenidos a mi casa

Naturalmente, no nos asusta salir con mal tiempo, pero a veces preferimos quedarnos cómodamente en casa ¿o no? Os invitamos a uniros a nosotros. En lugar de preparar unos bocadillos y salir a pasear al campo, a correr o a montar en bici con la familia, elegimos disfrutar de otra manera: sentados en un sillón confortable con un buen libro o una revista que nos dé ideas para otra labor creativa.

Como es sabido, nunca se debe reconocer que un día de lluvia de vez en cuando no es para desesperarse, porque no se admiten bromas con el tiempo, y los días de sol son siempre bien recibidos.

Aun así, nunca nos aburrimos y las ideas y las labores nuevas son una importante fuente de alegría y de energía, lo que sin duda se nota en muchos aspectos de la vida, además de ser motivo de felicidad para quienes nos rodean, directa o indirectamente.

Con lo aquí expuesto espero lograr que no os falten las ideas en un futuro cercano, y que disfrutéis de la compañía del libro en vuestro sillón en esos días de lluvia.

Aquí encontraréis una serie de ideas para todas las habitaciones de la casa, así como figuras: ángeles guardianes de la casa, perros de patas cortas, gatos despiertos, caballos felices y ositos bondadosos.

Veréis que los distintos proyectos a veces aparecen en distintas habitaciones con aspectos diferentes a los descritos en las instrucciones.

Mi querido perro Matti murió justo cuando empezaba a trabajar en el libro y le echo mucho de menos; él me inspiró los perros salchicha de la página 28. Después, al cabo de un tiempo, se volvieron a oír pisadas de patitas en el suelo; era Totto, que por fin consintió en posar para la fotografía de la página 52.

Con cariño
Tone Finnanger

Índice

CONOCIMIENTOS BÁSICOS

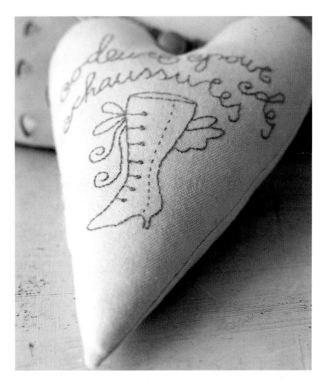

Telas y materiales

Telas

Las telas de tejido ligeramente rugoso son más adecuadas para los muñecos de trapo que las telas finas, porque se les da forma más fácilmente. Para otros proyectos como alfombrillas, cojines, bolsas y demás, sirve cualquier tipo de tela. En este libro he utilizado sobre todo telas de algodón y fieltro de lana, que se compra en tiendas de tejidos y manualidades y que combinan muy bien con otras telas, según se ve en el libro. La tela "de piel" se encuentra en versión clara y oscura y la he utilizado, entre otras cosas, para confeccionar los ángeles.

Guata de algodón – es un relleno blando y natural adecuado para todas las labores acolchadas; también es muy útil para colocar debajo de la tela cuando se borda o se cose.

Entretela adhesiva gruesa – es un fieltro fino de fibra con adhesivo en una cara que proporciona un acabado rígido y sirve para labores como bolsitas, que no van acolchadas pero que requieren una superficie lisa y rígida.

Entretela adhesiva – es una fibra muy fina con adhesivo, adecuada para armar telas finas o para que los tejidos abiertos queden más firmes y estables. La entretela adhesiva da rigidez a las telas.

Fieltro de fibra grueso – se utiliza un fieltro de fibra grueso (40 mm) para los almohadones de las sillas y de 20 mm para las cajas de tela. El fieltro de fibra se puede aplastar entre dos capas de telas pasándole la plancha. Sirve para armar las cajas de tela.

Vlisofix o gasilla termoadhesiva de doble cara – la cara adhesiva se pega sobre el revés de la tela con la plancha y luego se arranca el papel, quedando una tela pegada para aplicaciones sencillas. En este libro se ha utilizado vlisofix para pegar los parches y los corazones sobre los perros.

Algodón para bordar

En este libro, la costura y los bordados se usan con frecuencia como decoración con hilos de algodón para bordar.

Agremanes, botones y ojetes para pasacintas

Se han utilizado botones y automáticos de nácar, botones con figuritas y ojetes para pasacintas con fines tanto prácticos como decorativos. Las cintas más frecuentes en los proyectos son el zigzag o piquillo y las correas de cuero sintético.

Las correas de cuero sintético no suelen resistir mucho peso y en ciertos casos se deben sustituir por un material más fuerte.

Los agremanes, botones y ojetes se compran en mercerías y tiendas de manualidades.

Kits de caras

Las caras de los muñecos del libro se confeccionan fácilmente con kits para caras que se compran en muchas mercerías y tiendas de manualidades.

Rotulador de tinta no permanente

Este tipo de rotulador se utiliza para dibujar patrones sobre tela. Las líneas desaparecen al planchar con un paño húmedo, y también se borran solas al cabo de un tiempo.

Varios

Para sujetar los muñecos, como ángeles y caballos y otros personajes, se utilizan soportes especiales. Las anillas de madera para los alfileteros se compran por paquetes de anillas grandes o pequeñas. Las asas para bolsos y los bastidores se encuentran en distintos tamaños y formas en tiendas de manualidades.

Estos materiales se pueden adquirir en mercerías y tiendas de patchwork y de manualidades.

Técnicas

Bordados y costuras

Los patrones de los distintos bordados se encuentran en las páginas 126-127. Para un patrón de una labor particular, ver la referencia a la página correspondiente para cada pieza.

Si el material es fino, conviene pegar con la plancha una entretela adhesiva fina por el revés antes de bordar un motivo. No se recomienda para los proyectos que vayan acolchados. Para controlar mejor la tela, siempre que sea posible se utiliza un bastidor de bordado.

Para las rosas y las flores de "hélice" grandes, rellenar primero la superficie con puntadas lo más iguales posible. En los bordados se utilizan todas las hebras de la madeja, como en las Figuras A y B.

Las flores de hélice pequeñas se hacen con una sola puntada para cada pétalo, como en la Figura C.

En los centros de las flores de hélice pequeñas se hace un punto de nudo (con todas las hebras de la madeja) y también en los puntos de los motivos cosidos (con una sola hebra).

Pasar la aguja con la hebra hacia el derecho de la tela y enrollar la hebra de una a tres veces alrededor de la aguja, según lo grande que se quiera el punto de nudo (ver la Figura D).

Pinchar la aguja hacia el revés junto al lugar de salida y tensar la hebra para que las vueltas queden apretadas contra la tela antes de terminar de pasar la aguja (ver las Figuras E y F).

El cabello de los ángeles aplicados se borda con toda la hebra, como en la Figura G.

Los tallos, las letras y los motivos cosidos como los de las bolsitas para botones de la página 82, se hacen a punto atrás menudo con una sola hebra. Cortar una hebra del largo adecuado, sujetar uno de los extremos y tirar. Hacer una puntada por el derecho y un punto atrás, como en la Figura H y luego hacer dos puntadas hacia delante por el revés y una hacia atrás por el derecho, como en la Figura I, luego dos puntadas hacia delante por el revés, etc.

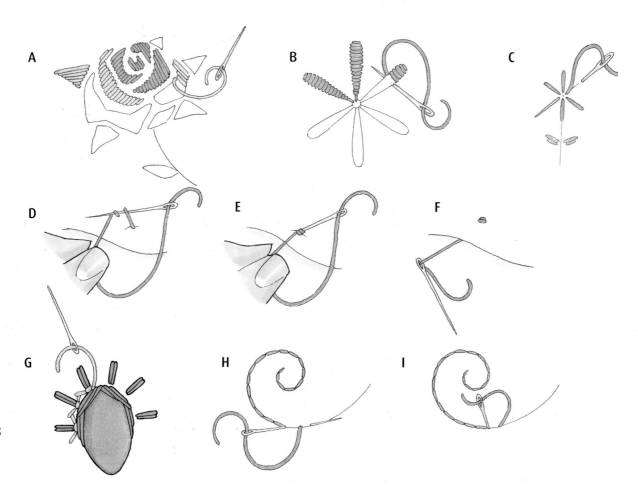

Aplicaciones del revés

Las aplicaciones de este libro se cosen por el revés para que quede escondido el filo de la tela sin rematar. Así también quedan las aplicaciones más fuertes, además de lograr un efecto de relieve. Un efecto parecido se consigue dejando un margen de costura por el borde que luego se remete hacia dentro conforme se aplica, aunque en mi opinión este procedimiento es más difícil.

Si se desea, se puede utilizar una tela más barata para el revés de la aplicación en lugar de la misma tela de la aplicación. Esta tela será relativamente fina.

Colocar la tela de la aplicación sobre la de forro, derecho con derecho. Dibujar el patrón de la aplicación sobre la tela de forro y coser siguiendo la línea, como en la Figura A. Recortar la figura y dar unos piquetes por el margen en las zonas en curva hacia dentro. Lo mejor es dejar un margen lo más estrecho posible.

Cortar una abertura en la tela de forro para volver la pieza hacia el derecho, como en la Figura B. Si un lado de la aplicación va a quedar tapado por otra pieza, se deja ese lado abierto para dar la vuelta a la aplicación (ver la Figura C). Para los pétalos de flor largos sobre el tapete en las páginas 14-17, dejar una abertura en el fondo. Además, cortar un poco hacia arriba por el revés para poder dar la vuelta a la pieza, como en la Figura D. Volver totalmente las piezas ayudándose, por ejemplo, de un palito. Colocar las piezas sobre el fondo y coserlas a "punto escondido" como en la Figura E. Por último, bordar y pespuntear los detalles según se indica más arriba.

Acolchado

Todo el acolchado del libro se ha realizado a mano con puntadas bastante largas. De este modo se logra un efecto artesanal y es más rápido de lo que se piensa. Al acolchar, es fundamental calar todas las capas para que las puntadas queden visibles también por el revés.

Antes de acolchar, se terminan todas las aplicaciones y adornos.

Las puntadas deben quedar menudas por el derecho, como de 1 mm, aunque su longitud pueda variar por el revés, según la labor de que se trate. Si se tensan las puntadas al coser, la tela se frunce y se obtiene un efecto abollonado, como se puede apreciar en el tapete de la página 46. En aquellos proyectos en que solamente se acolchen partes de la superficie, se tensan las puntadas muy ligeramente.

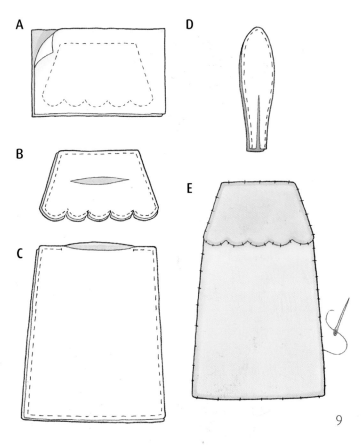

9

Las puntadas más largas, de 1,5 a 2 cm, quedan por el revés y se utilizan en la labor de la colcha y almohada con los motivos de casas, y en los tapetes y mantelitos. Para los tapices y antifaces, las puntadas por el revés son más cortas, de 6 a 8 mm.

En las alas de los ángeles se dan puntadas de 1 a 2 mm por el revés. Resulta más largo porque la aguja tiene que recorrer parte del ala antes de volver a salir con ella; para las puntadas más largas, se vuelve la punta de la aguja hacia arriba y hacia abajo para hacer varias puntadas a un tiempo.

Copiar los patrones

Los patrones se trasladan a la tela de distintas maneras. Pero en las labores, las plantilllas de cartulina o de plástico resultan lo más sencillo y lo más práctico.

Colocar una lámina de plástico sobre el patrón y calcar las distintas partes con un rotulador permanente o poner un papel carbón entre el patrón y una cartulina y repasar las líneas del patrón. Si se tiene la posibilidad de utilizar una fotocopiadora, sólo para uso personal. Hacer varias copias de las páginas de patrones y pegarlas sobre una cartulina. Si se solapan distintas piezas, habrá que hacer varias copias de cada página. Recortar las plantillas con cuidado.

Copiar los dibujos de bordado y cosido colocando un papel carbón entre el patrón y la tela, o sostener la tela al trasluz sobre el patrón para poder calcar éste sobre la tela. Para dibujar los patrones sobre la tela se puede utilizar rotulador de tinta no permanente (que desaparece).

Bordes a ondas

En muchos de estos proyectos aparecen bordes a ondas. Éstos son algunos consejos para que las curvas queden bien hechas.

Cuando se haga un borde a ondas se deben seguir las indicaciones del proyecto. Se darán puntadas cortas, de 1,5 a 2 mm por las curvas. Cortar el margen de costura dejando sólo de 3 a 4 mm alrededor de las ondas. Dar un corte entre las ondas lo más profundo posible, sin llegar a la costura. Manipular las ondas con cuidado hacia delante y hacia atrás para repartir bien la tela por la costura. Volver el borde a ondas pasando un palito de madera por dentro, siguiendo la costura. Manipular de nuevo las ondas vueltas, hacia delante y hacia atrás, para aflojar las puntadas que hayan quedado apretadas. Por último, planchar el borde con vapor o con un paño húmedo bajo la plancha.

Muñecos de tela

Los patrones de este libro para perros, gatos, caballos y ángeles, corresponden a la versión más pequeña. Si se desean modelos mayores, se amplían los patrones con una fotocopiadora o un escáner. Las versiones grandes son el 120% o el 140% del original y en las instrucciones siempre se indica el tamaño de cada figura. Las medidas dadas en las instrucciones se deben multiplicar por el mismo porcentaje.

Las figuras se dejan sin recortar hasta el último momento. Se pone la tela en doble y se dibuja la figura utilizando el patrón o la plantilla. Se marcan las aberturas para dar la vuelta a la pieza y todos los detalles que se indiquen en las costuras del patrón. Si se marca una abertura interna en el patrón, no habrá abertura en la costura. Coser siguiendo la línea dibujada, con puntadas de 1,5 a 2 mm, todas iguales y evitando irregularidades (ver la Figura A).

Recortar la figura, dejando un margen de costura estrecho, de 3 a 4 mm. Ahora bien, donde se indiquen aberturas en la costura, dejar un margen mayor, de 7 a 8 mm.

Donde se indique en el patrón una abertura para dar la vuelta a la pieza, cortar una sola capa de tela por donde esté marcada la abertura.

Dar un corte en el margen de costura donde el motivo describa una curva entrante, como en la Figura B.

Conviene tener a mano un palito de madera para dar vuelta y para rellenar. Hay que dar la vuelta a las piezas con cuidado, apretando el palito a lo largo de las costuras una vez vuelta la pieza, para que no se pierda ningún detalle.

Doblar hacia dentro los márgenes de costura de las aberturas y planchar las piezas antes de rellenarla.

Introducir el relleno en el muñeco procurando no apretarlo en bolas antes de que esté en su sitio. Las excepciones son aquellos detalles pequeños como la nariz, el hocico o los pulgares, donde se debe dejar una bola y empujarla a su sitio antes de rellenar el resto del muñeco.

Apretar el relleno con cuidado pero con fuerza colocándolo en su sitio y añadiendo más hasta que el

A

B

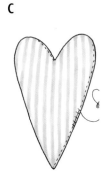

C

muñeco quede firme y con buena forma. Hay que tener en cuenta que hay rellenos de distintas clases y que uno bueno no debe ser ni muy suave ni muy denso, sino algo intermedio.

Por último, se cosen las aberturas, como en la Figura C.

Caras

Antes de hacer la cara es mejor tener el cabello y las orejas cosidos. Así se ve bien dónde colocar los ojos. Pinchar dos alfileres en la cara para comprobar la ubicación de los ojos. Quitar los alfileres y fijar los ojos en los agujeros. Utilizar la herramienta para ojos del kit de caras, o la cabeza de un alfiler

mojada en pintura negra y poner los ojos.

Se puede aplicar colorete o lápiz de labios o similar con un pincel seco para dar color a las mejillas. Coser el hocico de perros, gatos y ositos utilizando hilo de bordar rosa.

Peinados de fantasía

Para hacer el cabello de los ángeles se puede utilizar pelo especial para muñecas que se encuentra en tiendas de manualidades, junto con alambre de acero fino.

La mejor manera de empezar el cabello de los ángeles es pinchando tres trozos de alambre largos

atravesando la cabeza del muñeco para que asomen seis trozos. Para pasar los alambres se puede utilizar una aguja pasacintas, como en la Figura A. Si resulta difícil, se pegan seis trozos de alambre sobre la cabeza del muñeco.

Anudar un trozo largo de pelo de muñeca alrededor de uno de los alambres y pasarlo por los demás alambres cruzándolo en la nuca del ángel. Al final se enrolla el pelo alrededor de los alambres, como en la Figura B. Cuando esté cubierta toda la parte de atrás de la cabeza y se haya enrollado parte del pelo sobre los alambres, se doblan éstos por la parte sin cubrir y se les dan varias vueltas junto a la cabeza del ángel.

Por último, se hacen unas puntadas por el centro de la cabeza para mantener el cabello en su sitio. Ver la Figura C.

Se puede hacer el peinado de los ángeles formando dos trenzas siguiendo el mismo procedimiento pero utilizando uno o dos trozos de alambre en lugar de seis como antes.

A

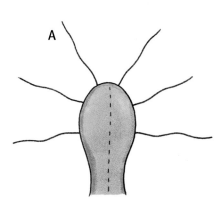

B

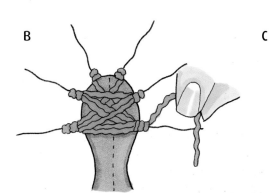

C

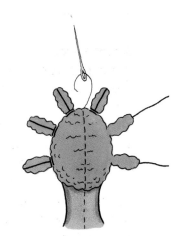

11

El vestíbulo

La primera habitación, y por tanto el primer capítulo de este libro, es el vestíbulo.

Aquí nos reciben unos alegres perritos de patitas cortas.

Además nos esperan unas zapatillas, con unos corazones rellenos de lavanda que las perfuman cuando no se utilizan.

Las alfombrillas son de fieltro y las bolsas son del tamaño adecuado para vaciar en ellas el contenido del bolso.

¡Bienvenidos!

Alfombrillas

Patrón página 127.

Estas bonitas alfombrillas de fieltro de lana son acogedoras y decorativas, aunque no tan resistentes como las jarapas, por lo que se colocarán en lugares de la casa con poco tránsito.

Nota: para evitar accidentes, y terminar cayéndose en el suelo entre dos alfombrillas, se aplica por debajo algún material antideslizante.

Se necesita:

Fieltro
Guata de algodón para relleno
Tela de forro
Tela para las aplicaciones
Hilo de bordar para las aplicaciones, si se desea
Material antideslizante o forro con relieve

Cómo se hace:

Se ha dividido el patrón de la página 127 para que quepa en una página. Se unen las partes de modo que los puntos A y B queden uno junto a otro. El elemento resultante corresponde a la duodécima parte de la alfombrilla. Utilizar una cartulina o similar grande, de al menos 67 x 67 cm, uniendo varios pliegos con cinta adhesiva si hiciera falta, y hallar el centro midiéndolo. Dibujar una cruz, comprobando que los ángulos miden exactamente 90°. Dibujar ahora los tres elementos de un patrón en cada una de las cuatro secciones entre los brazos de la cruz, como en la Figura A, y cortar la plantilla.

Cortar una pieza de fieltro de lana y otra de guata que cubran el patrón más un margen de costura. Cortar dos trozos de tela de forro del ancho de la mitad del patrón, unos 33,5 x 67 cm, y añadir un margen de costura generoso. Coser las piezas del forro una con otra, dejando en el centro de la costura una abertura para volver la pieza, como en la Figura B. Cuando se abra la pieza del forro, tendrá el mismo tamaño que las piezas de fieltro y de guata.

Colocar debajo la guata y encima el fieltro y el forro, derecho con derecho, de modo que la pieza de forro quede arriba, del revés. Sujetar las capas con alfileres, dibujar el patrón y coser siguiendo el dibujo, como en la Figura C.

Recortar y volver la alfombrilla hacia el derecho según se indica en Bordes a ondas, página 10.

La abertura se deja sin coser hasta tener terminada la aplicación.

A

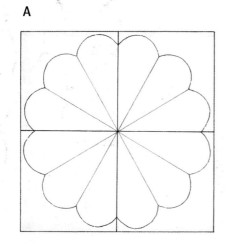

B

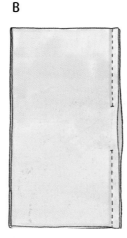

C

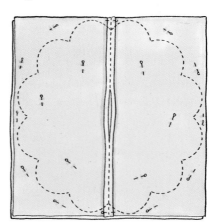

La aplicación de la alfombrilla se hace de dos maneras; en una versión se cose una sola flor en el centro, como en la Figura D. En la otra versión se hacen varias flores y se dibujan los tallos con hilo de bordar (ver la Figura E).

Aplicar las flores según se indica en la página 9. Dibujar los tallos a mano alzada con rotulador de tinta no permanente y bordarlos con puntadas sencillas por arriba y por abajo. Para evitar patinar sobre la alfombrilla, se puede dibujar con un rotulador de relieve por el revés o coser algún material antideslizante.

D

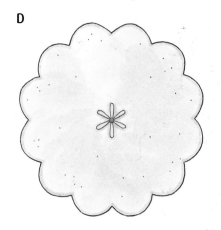

E

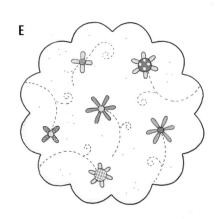

Zapatillas

Patrón página 128.

Estas zapatillas están forradas de fieltro de lana y se ofrecen a los invitados al llegar a casa; esto es muy importante cuando se acaba de fregar el suelo. He probado estas zapatillas con amigas mías, con tallas del 36 al 41, y todas me han dicho que les sirven, aunque puede variar algo porque no todos los pies tienen la misma forma. Yo calzo un 39 y las zapatillas me quedan perfectas.

Se necesita:

Tela
Fieltro de lana
Entretela termoadhesiva para armar
Hilo de bordar para decorar

Cómo se hace:

Pegar con la plancha la entretela termoadhesiva sobre el revés de una pieza de tela lo bastante grande para las suelas y cortarlas siguiendo el patrón. Tener en cuenta que las suelas de las zapatillas deben ser simétricas una de otra, por lo que se obtiene una para el pie derecho y otra para el izquierdo. Cortar dos veces las palas de las zapatillas de tela normal. Cortar ahora dos suelas y dos palas de fieltro de lana siguiendo la línea de puntos. El forro de fieltro queda mejor si es algo más pequeño que la tela de fuera, porque ocupa más espacio que la tela.

Colocar las partes de fieltro con las de tela una con otra, derecho con derecho, y coserlas siguiendo la abertura en curva. Dar unos cortes por toda la curva para que tenga buena forma una vez vuelta (ver la Figura A).

Doblar la tela y el fieltro cada uno por separado de modo que los bordes del talón de cada lado coincidan y queden derecho con derecho. Teniendo forro con forro y tela con tela, coser el talón según se indica en la Figura B. Volver la pieza del derecho y hacer un zigzag alrededor de las piezas de la zapatilla para sujetar el forro con la tela. Comprobar que el borde de fieltro coincide con el borde de la tela de fuera por todo alrededor. Si fuera necesario se rectifica y se sujeta con alfileres antes de coserlo con el zigzag. Si se desea, se puede bordar un motivo decorativo en las zapatillas según se indica en la página 8 (ver la Figura C).

Marcar el centro de la parte delantera de la pala y el centro de la parte delantera y de la trasera de la suela. Colocar la pala sobre la suela, derecho con derecho, de modo que la costura del talón coincida con la marca

A
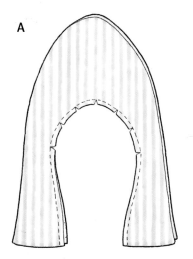

B
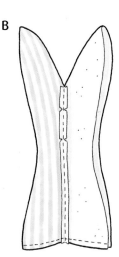

C
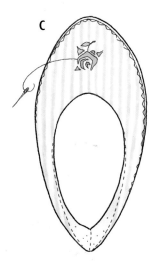

trasera de la suela y las dos marcas de la parte delantera coincidan una con otra. Sujetar las dos piezas por los bordes una con otra con alfileres y hacer una costura según se muestra en la Figura D.

Quitar todos los alfileres. Poner la suela de fieltro por encima, de forma que quede un "bocadillo" de dos suelas con la pala de la zapatilla en medio. Tirar de la suela de fieltro para que los bordes coincidan con los demás bordes, sujetar con alfileres y coser por el borde, dejando una abertura a un lado para darle la vuelta, como se aprecia en la Figura E.

Recortar el sobrante dejando un margen de costura por todo el borde y volver del derecho la zapatilla terminada.

D 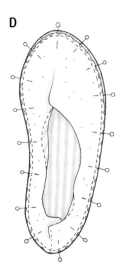   **E**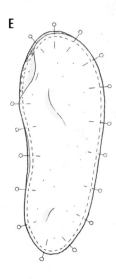

Corazones

Patrón, página 128.

Me parece imposible hacer un libro sin corazones, porque son símbolo de amor. A lo largo del libro aparecen corazones de una forma o de otra. Aquí se describen unos corazones para meter en los zapatos. Los corazones bordados se hacen igual, pero sin cintas. Los corazones de fieltro se cosen utilizando el patrón grande y se decoran con parches, con botones y con palabras sacadas del tapiz Mi casa de la página 54.

Corazones para zapatos

No estoy insinuando que le huelan los pies a nadie, pero estoy segura de que es preferible que los zapatos huelan bien a que no huelan a nada. Estos corazones son un regalo perfecto, siempre que se le deje esto bien claro a quien los recibe.

Se necesita:

Tela
Entretela termoadhesiva fina
Relleno
Lavanda seca
Correa de cuero sintético o similar
Hilo de bordar para el motivo

Cómo se hace:

Cortar dos trozos de tela de tamaño suficiente para el corazón y, con la plancha, pegarle la entretela por el revés de cada trozo. Dibujar el motivo bordado en una de las piezas y coser el motivo según se indica en la página 8.

Cortar una tira de tela de unos 3 x 7 cm sin dejar margen de costura y doblar hacia dentro los bordes según se ve en la Figura A. Doblar ahora la tira en doble y hacer una costura por un borde para formar un tubo como en la Figura B.

Poner las dos piezas del corazón derecho con derecho y dibujar un motivo de corazón pequeño en la cara donde se verá el bordado, casando las dos partes. Doblar el tubo de tela y colocarlo entre las dos capas, según se indica en el patrón, y coser siguiendo el dibujo del corazón (ver la Figura C). No hay que olvidar dejar una abertura para poder darle la vuelta al corazón.

Cortar y volver del derecho el corazón según se indica en la página 10. El otro corazón se cose igual pero sin bordar el motivo. Rellenarlos con una mezcla de lavanda y guata y coser la abertura. Atar un corazón a cada extremo de un cordón de unos 50 cm de largo.

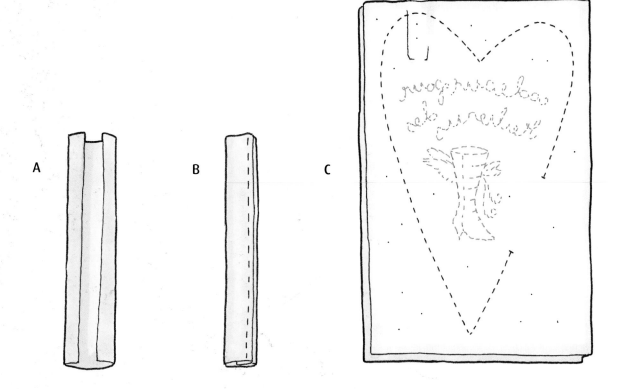

A   B   C

Bolsas

Personalmente, no entiendo cómo
se puede vivir sin tener unas bolsas pequeñas
y elegantes junto a la puerta de entrada; las mías
se llenan enseguida de cosas que no podría dejar en otro
sitio. Las llamo "llena-bolsas". Nunca he sido excesivamente
ordenada y es posible que no sea muy normal lo de mis
llena-bolsas, pero, para mí, estas bolsas tienen el tamaño
perfecto. Cuando una bolsa está llena, se puede colgar
como adorno en el vestíbulo y confeccionar otra...

Se necesita:

Tela para la bolsa
Tela para el forro
Asas de bolsa redondas
Hilo de bordar o botones para adornar, si se desea
(ver la página 8, Rosas bordadas)

Cómo se hace:

Cortar dos trozos de tela y dos de forro que midan 45 x 50 cm más margen de costura. Si se va a bordar la bolsa, se hace ahora en una de las piezas de tela, según se indica en la página 8. Conviene reforzar con entretela fina la zona que se vaya a bordar. Se puede utilizar bastidor. Colocar las telas de forro, derecho con derecho, sobre las telas de la bolsa y coser una con otra por un borde de 50 cm, continuando otros 20 cm por cada lado, según se ve en la Figura A.

Doblar la tela y el forro hacia fuera y poner las dos partes de la bolsa una contra otra, forro con forro. Con un plato de unos 25 cm de diámetro redondear las esquinas dibujando una onda. Coser los bordes dejando una abertura en el forro para dar vuelta a las piezas, como en la Figura B. Recortar las esquinas y el sobrante de margen de costura y volver la bolsa del derecho.

Dibujar sobre el forro una línea a 8 cm del borde de la tela, con un rotulador de tinta no permanente. Doblar el borde sobre el asa e hilvanarlo de modo que el borde coincida con la línea dibujada, como en la Figura C.

Las rosas de la página 68 son una buena idea de decoración para estas bolsas.

A

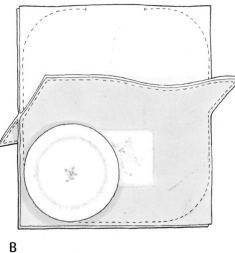

B

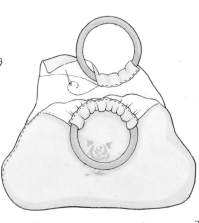

C

27

A

B

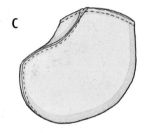

C

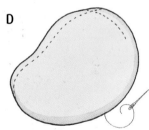

D

Perritos

Patrón página 129.

Los perros "salchicha" son animales maravillosos. ¡Después de tener unos cuantos a lo largo de muchos años, las demás razas resultan de patas larguísimas! Para mí, las proporciones de los "salchicha" son perfectas.

Se necesita:

Tela para el cuerpo
Tela para el collar
Tela para el corazón
Gasilla termoadhesiva de doble cara para el corazón
Correa de cuero sintético o similar
Relleno
Hilo de bordar para el hocico

Cómo se hace:

Leer el apartado sobre muñecos de tela en las páginas 10-11 y ampliar el patrón al 120% para hacer un perrito mayor.

Doblar por la mitad un trozo de tela para que quede en doble, dibujar el cuerpo, la cabeza, las patas delanteras y traseras y coser las piezas todo alrededor. Obsérvese que se deja sin coser la abertura en V de la cabeza y la abertura para dar vuelta a la pieza debajo de la cabeza (ver la Figura A).

Recortar todas las piezas. Hacer una abertura para volver la pieza en la tela de las orejas y de las cuatro patas.

Cortar las aberturas en lados opuestos para tener una versión derecha y otra izquierda de las partes por parejas (ver la Figura B). Volver las piezas del derecho, plancharlas, rellenarlas todas menos la cabeza y coser todas las aberturas para cerrarlas.

Doblar la abertura en V de la cabeza hacia el otro lado de modo que quede un margen encima del otro y coserla (ver la Figura C). Volver la cabeza hacia el derecho, rellenarla y coser la abertura como en la Figura F. Rellenar las orejas sin apretar y plancharlas de nuevo para que queden aplastadas.

Coser al cuerpo, con puntadas largas, la cabeza, las patas delanteras y las traseras, de modo que el perrito quede sentado, y coser las orejas o pegarlas con pistola de pegamento. Hacer la cara según se indica en la página 11.

Extender gasilla termoadhesiva sobre el revés de la tela para el corazón, dibujar la forma del mismo y recortar. Pegar el corazón sobre el cuerpo con la plancha y fijarlo con un festón según se muestra en la Figura E.

La correa del perro es el último detalle. Para hacerla se corta una tira de tela de unos 10 x 4 cm, se cose igual que la presilla del corazón de la página 24 y luego se cose con puntadas largas al cuello del perrito. Cortar una correa y atar un extremo a una muñeca del perrito y coser el otro extremo por debajo del collar.

E

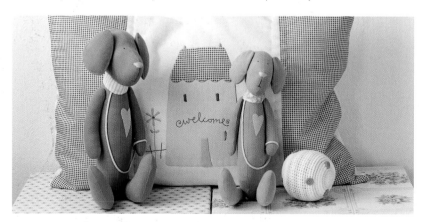

 ## La cocina

¡Ah!... Me encanta estar en la cocina; me resulta reconfortante realizar tareas domésticas como hornear, hacer mermeladas, etc. con la radio puesta y las moscas zumbando alrededor de la ventana. O en invierno con la estufa de leña encendida y una taza de té dulce y caliente. Aquí hay gatitos juguetones y muchas fresas; cuántas tentaciones...

Gatitos

Patrón página 130.

No estaba muy segura de que estos muñecos parecieran
gatos, por eso bordé *cat* (gato) en su ropa. Luego la gente me
ha confirmado que sí parecen gatos, así es que cada uno es
libre de decidir si hay que bordar lo de gato.

Se necesita:

Tela para el cuerpo
Tela para el vestido y el parche
Gasilla termoadhesiva de doble cara para el parche
Relleno
2 botones
Hilo de bordar
Alambres de acero negros y finos para los bigotes

Cómo se hace:

Para un gato grande, ampliar 120% el tamaño del patrón.
Ver Muñecos rellenos, páginas 10-11.

Coser el cuerpo, la cabeza y las patas delanteras y traseras
del mismo modo que para el perro de la página 28, pero
cosiendo las patas bien apretadas contra el cuerpo con botones
e hilo de bordar para poderlas mover (ver la Figura A).

Coser la cola y las orejas según el patrón, doblar hacia
dentro el margen de costura y meter un poco de relleno antes
de coser las orejas a la cabeza (ver la Figura B). Coser la cola
en su sitio en el lomo, como en la Figura C.

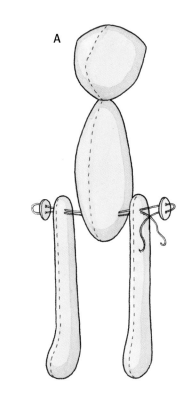

A

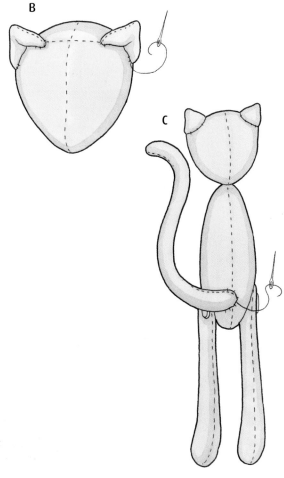

B

C

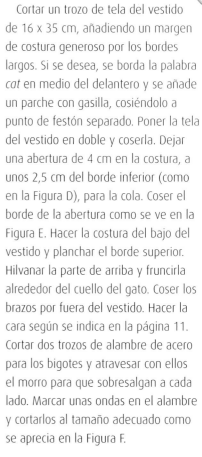

Cortar un trozo de tela del vestido de 16 x 35 cm, añadiendo un margen de costura generoso por los bordes largos. Si se desea, se borda la palabra *cat* en medio del delantero y se añade un parche con gasilla, cosiéndolo a punto de festón separado. Poner la tela del vestido en doble y coserla. Dejar una abertura de 4 cm en la costura, a unos 2,5 cm del borde inferior (como en la Figura D), para la cola. Coser el borde de la abertura como se ve en la Figura E. Hacer la costura del bajo del vestido y planchar el borde superior. Hilvanar la parte de arriba y fruncirla alrededor del cuello del gato. Coser los brazos por fuera del vestido. Hacer la cara según se indica en la página 11. Cortar dos trozos de alambre de acero para los bigotes y atravesar con ellos el morro para que sobresalgan a cada lado. Marcar unas ondas en el alambre y cortarlos al tamaño adecuado como se aprecia en la Figura F.

F

D

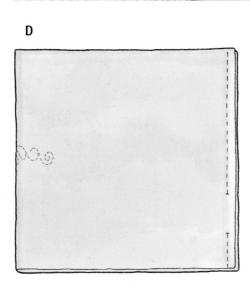

E

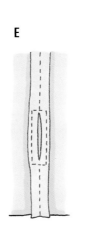

Fresas perfumadas

Patrón página 131.
(El patrón para los cojines de fresa de la habitación de los niños está en la página 144).

Estas aromáticas fresas son una buena idea para regalar. Se perfuman con un par de gotas de aroma de fresas en cada una y se ponen unas cuantas en un tarro de vidrio cerrado. Se sacan del tarro conforme se necesitan para perfumar suavemente una habitación. Cuando se haya evaporado el aroma, se perfuman con otro par de gotas y quedan como nuevas.

Se necesita:

Tela para las fresas
Tela para las hojas
Relleno
Hilo de bordar para las semillas
Unas gotas de perfume de fresa, si se desea

Cómo se hace:

Poner en doble la tela para la fresa y para las hojas y dibujar el contorno de las piezas del patrón. Coser por las líneas, como en la Figura A. Observar que se indica en el patrón ME, que significa margen extra de costura que se cose hacia fuera a cada lado de la abertura. Cortar las piezas, hacer una abertura para dar la vuelta en una de las capas de tela y volver las piezas.

Remeter el margen extra alrededor de la abertura y pasar un frunce por el borde. Rellenar la fresa y fruncir la abertura.

Bordar unas semillas pequeñas con hilo de bordar blanco o rojo.

Fruncir la pieza de las hojas según se puede apreciar en la Figura B. Coser las hojas sobre la fresa, con la abertura de darles vuelta hacia abajo para esconderla, como en la Figura C.

El aroma de fresa para perfumar jabón se puede comprar en tiendas especializadas. Si se desea, se ponen unas gotitas en cada fresa.

A

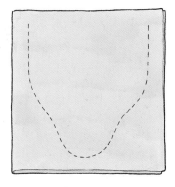

B

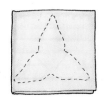

C

Le petit
patisserie

Belles
Tentations

Tapiz *Belles tentations*

Patrón del motivo, páginas 131 y 132.

Se necesita:

*Telas para el fondo y los bordes
   a ondas
Tela para la trasera
Telas para las aplicaciones
Guata de algodón para rellenar
Hilo de bordar para las bayas,
   las hojas y las letras
Dos anillas para colgar, si se desea*

Cómo se hace:

El fondo debe medir 53 x 22 cm; coser una tira de 22 x 5 cm en cada extremo de la tela de fondo. Añadir un margen de costura según se indica en la Figura A.

Cortar un trozo de tela y otro de guata que cubran todo el fondo con los bordes. Colocar la tela y el fondo derecho con derecho, con la guata por debajo. Dibujar las ondas del borde en cada extremo como en el patrón y coser por todo el borde; ver Bordes a ondas, página 10. Dejar una abertura para volver bastante grande en el lado largo, según se muestra en la Figura B. Recortar el margen sobrante, volver el tapiz del derecho y plancharlo.

A

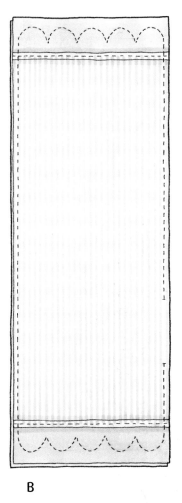

B

Se empieza por copiar y bordar *La petite patisserie* (La pequeña pastelería) arriba, y después *Belles tentations* (Estupendas tentaciones) abajo, según se indica en la página 8. Si se observa el patrón, se ven unos corchetes señalando dónde se sitúan las palabras respecto a la tela de fondo (sin tener en cuenta el borde).

Localizar el centro del tapiz y dibujar un arito arriba de las bandejas pasteleras, en relación con el texto de la parte superior. Trazar una línea de unos 30 cm hacia abajo desde el arito y bordar todo ello con hilo de bordar, como en la Figura C.

Coser las aplicaciones sobre el revés (tres platos pasteleros con el borde a ondas de diferente tamaño, tres tartas rosas y dos tartas con copa) según se indica en la página 9.

Colocar en su sitio las dos secciones aplicadas por el revés y coserlas sobre el fondo. Bordar las bayas y las hojas en las tartas rosas. Coser la abertura de volver las piezas. Por último, acolchar siguiendo el contorno de las aplicaciones y por el borde del cuadro, como se indica en la página 9.

Se pueden hacer unos estores sencillos con un trozo de tela cosiendo una banda de lana en cada extremo. Se ponen unas cintas arriba de la cortina por delante y por detrás y se ata la cortina a cada lado. Poner unas anillas en la banda superior y unos ganchos de tornillo en el marco de la ventana para colgar las cortinas.

C

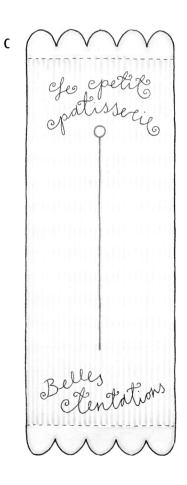

40

El comedor

El comedor es el lugar de reunión en torno a unos pasteles, un café y unas velas... Esta habitación debe tener estilo, y para eso se necesita cubrir la cafetera y disponer de unos mantelitos acolchados a mano. También los cojines de las sillas contribuyen a que los invitados se sientan cómodos disfrutando de una deliciosa merienda.

Funda para cafetera

No hace tanto tiempo vinieron a alegrarnos la vida distintas variedades nuevas de café, desde el expreso, al capuchino, el café con leche, el café moka y otros. Casi todos disponíamos de una cafetera relativamente barata, pero quizá poco adecuada para hacer café, y bastante rápida porque en unos minutos ya teníamos hecho un café con leche. Al cabo de un tiempo descubrimos que en los días festivos esos pocos minutos se nos hacían largos y la novedad dejó de entusiasmarnos. En mi casa llegamos a comprar una cafetera de émbolo, que ya era un avance.

Se necesita:

Tela para la funda de la cafetera y para el borde
Cinta
Guata de algodón
Hilo de bordar para los adornos

Cómo se hace:

Medir la circunferencia de la cafetera dejando el espacio para el asa, y medir la altura (ver la Figura A).

Cortar dos piezas rectangulares de tela y una de guata con los lados iguales a la circunferencia y a la altura de la cafetera, más márgenes de costura.

Cortar una tira de tela para el borde a ondas, aproximadamente 1 cm más corta que la circunferencia de la cafetera y de 8 cm de ancho. Doblar la tira por la mitad a lo largo y dibujar y coser el borde a ondas según se indica en la página 10. Si se desea se puede copiar y bordar un motivo según se indica en la página 8. Como puede verse, he situado aquí el motivo en el centro de la mitad derecha de la tela (ver la Figura C).

Colocar las dos piezas de tela juntas, derecho con derecho, con la guata debajo. Situar el borde a ondas entre las capas de tela, por el borde superior. Dibujar una ondita entrante en el centro del borde superior, como en el patrón, y coser las telas por el borde superior. La ondita corresponde al pico del vaso de la cafetera, liberándolo. Coser ahora los bordes inferiores, dejando en el centro una abertura para volver la pieza.

Cortar seis trozos de cinta de unos 22 cm y situar tres a cada lado –arriba, en el centro y abajo– antes de coser las capas por los laterales, como en la Figura B.

Recortar el margen de costura sobrante en el arco de arriba y por los bordes. Dar unos cortes hacia la costura en las ondas para que no tire la tela.

Por último, volver del derecho la funda de cafetera y coser la abertura, como en la Figura C.

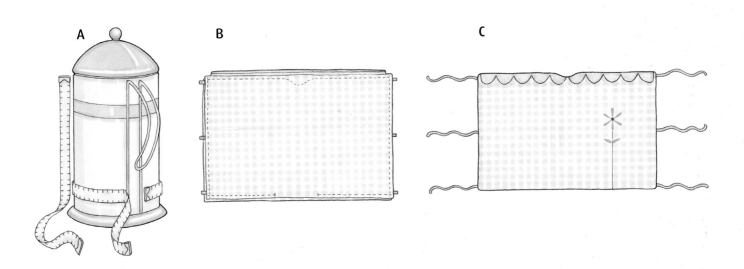

A   B   C

Individuales

¡Los individuales son una brillante idea que agradecen
quienes no tienen paciencia para planchar un mantel!

Se necesita:

Tela
Guata de algodón
Hilo de bordar para las rosas

Cómo se hace:

Hacer la plantilla igual que la de las alfombrillas de la
página 14.

Cortar un trozo de tela que cubra dos veces la plantilla.
Doblar la tela por la mitad, derecho con derecho, y coserla
por el borde abierto, dejando una abertura para volverla,
como se indica en la Figura A.

Doblar la tela de modo que la costura quede en el centro
y planchar la costura abierta. Colocar un trozo de guata
debajo de la tela, de un tamaño que cubra la plantilla.
Dibujar el patrón y coser por el contorno, como se muestra
en la Figura B. Recortar y volver el mantelito del derecho,
según se indica para Bordes a ondas en la página 10. Si se
desea, se borda una rosa según se detalla en la página 8,
y se cose la abertura de dar la vuelta.

Acolchar el individual primero bordeando las ondas
y luego en círculos hacia el centro según se indica en
la página 9. Para que quede un efecto de relieve, se tensa
la hebra al acolchar (ver la Figura C).

A

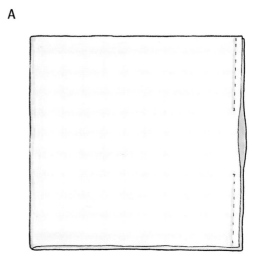

B

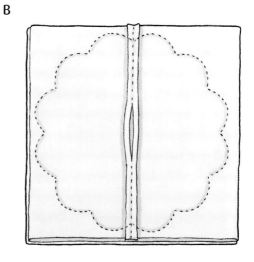

C

Almohadones para sillas

Unos cómodos almohadones de estilo clásico, dignos de reyes y de plebeyos, de comedores y de cocinas. Las princesas prefieren los cojines redondos con bordado de rosas; no olvidar poner un guisante debajo del almohadón, como en el cuento de hadas, para descubrir a las falsas princesas.

Se necesita:

Tela
Unos 40 cm de fieltro sintético grueso
Hilo de bordar

Cómo se hace:

Los cojines se cortan de un tamaño de unos 35 x 35 cm; una vez cosidos y acolchados, medirán unos 33 x 33 cm. Cortar la tela dos veces mayor que la plantilla, añadiendo márgenes de costura. Doblar la tela y coserla por el costado abierto, dejando una abertura para volver del derecho. Doblar ahora la pieza de modo que la costura quede en el centro y planchar la costura abierta. Colocar la pieza sobre la guata, con la abertura hacia arriba.

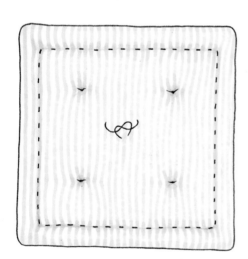

Coser los bordes del almohadón. Recortar el margen de costura sobrante y dar la vuelta al cojín hacia el derecho por la abertura.

Acolchar el cojín con hilo de bordar, a unos 3,5 cm del borde. Dar unas puntadas calando las capas y hacer un nudo a unos 14 cm de cada esquina y otro nudo en el centro, como indica la ilustración (izquierda). De este modo se pueden hacer cojines de cualquier tamaño. Para hacerlos redondos se utiliza como plantilla un objeto circular de unos 34 cm de diámetro, se colcha a unos 3,5 cm del borde y se hace un nudo en el centro.

Cuadros y tableros

Se pueden confeccionar fácilmente cuadros
y tableros forrando un marco con tela. Los marcos
se adquieren en tiendas especializadas.

   Se empieza por bordar el motivo preferido en una tela,
de tamaño suficiente para tenderla sobre el marco
y sujetarla por detrás. Tensar bien la tela sobre el marco
y el dorso y fijarla con pistola de grapar. Recortar la tela
sobrante.

   Si se hace un tablero para mensajes, se decora con una
celosía de cintas que se sujetan por el dorso. Las cintas se
fijan sobre el tablero donde se cruzan utilizando botones
o cuentas.

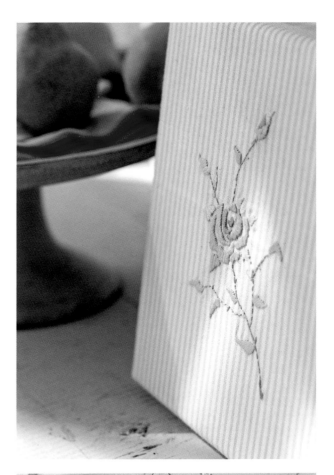

El cuarto de estar

Siéntate y saca la labor: el café casi está hecho; y sí, ¡te está permitido poner los pies encima de la mesa!

En el cuarto de estar se encuentra el proyecto más ambicioso del libro: el quilt Mi casa, bordado, cosido y acolchado a mano. Es una labor que se puede realizar con facilidad, sentada cómodamente en el sofá.

También aquí aparece algún ángel de la casa.

Quilt Mi casa

Este quilt es uno de mis preferidos, pero también debo reconocer que es el proyecto más ambicioso que haya incluido hasta ahora en mis libros. Para disfrutar haciéndolo hay que saber que lleva su tiempo porque hay que bordarlo, coserlo y acolcharlo a mano. Para quienes aman la costura, es una labor de la que se disfruta mientras se descansa en un sillón.

Si alguien es experto en coser a máquina, podrá reducir el tiempo bordando las letras y acolchando a máquina, pero no creo que el placer sea el mismo.

Los motivos del tapiz también quedan bien para almohadones.

Se necesita:

Nueve tipos de tela distintos para fondos
Tela para el revés
Tela para el borde
Guata de algodón para el relleno
Distintas telas para las aplicaciones
Distintos hilos de bordar

Cómo se hace:

Los fondos

El quilt terminado mide 120 x 180 cm y está formado de 9 rectángulos diferentes que crean dos filas. Las dos filas se repiten, una de ellas tres veces y la otra dos, haciendo un total de cinco filas. Para lograr un buen equilibrio, los rectángulos de cada fila se sitúan en orden inverso en el quilt cuando se repite la fila. En la Figura A se ven los distintos motivos numerados. Utilizar estas medidas añadiendo márgenes de costura:

Rectángulo 1, 15 x 32 cm, 4 veces
Rectángulo 2, 30 x 32 cm, 3 veces
Rectángulo 3, 15 x 32 cm, 2 veces
Rectángulo 4, 40 x 32 cm, 3 veces
Rectángulo 5, 25 x 32 cm, 2 veces
Rectángulo 6, 15 x 32 cm, 2 veces
Rectángulo 7, 30 x 32 cm, 2 veces
Rectángulo 8, 30 x 16 cm, 2 veces
Rectángulo 9, 30 x 16 cm, 2 veces

A

B

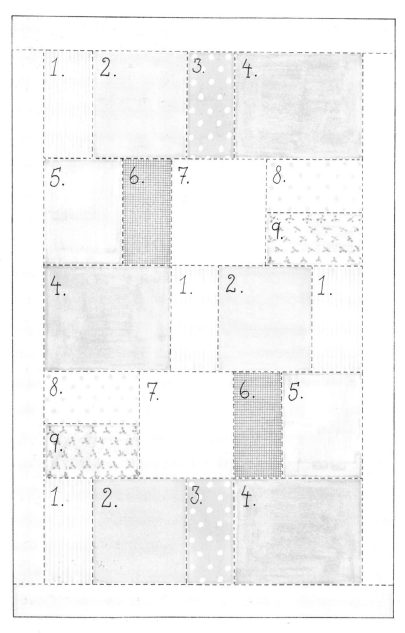

En la Figura B se muestra cómo se cosen uno con otro los distintos rectángulos numerados. Empezar cortando los rectángulos de distinto tamaño con las medidas de la página 55 y cosiendo las piezas del fondo unas con otras. Coser un borde de 10 cm alrededor de las piezas del fondo, dejando un margen de costura generoso.

Motivo

El patrón de la casa de la página 133 se corta por el centro siguiendo la línea de doblez para que entre en la página y cada pieza debe ser el doble de grande de lo representado.

Coser las aplicaciones del revés según se indica en la página 9. Colocar las aplicaciones a unos 5,5 cm del borde inferior de cada rectángulo y coserlas.

Las puertas son demasiado estrechas para coserlas por el revés y volverlas, por lo que se cortan con un margen de costura que se dobla hacia el revés y se cosen sobre las casas.

Buscar en el patrón los distintos detalles bordados y cosidos y situarlos según se indica en la Figura A (página anterior). Ver también las fotografías del quilt. Trabajar los rectángulos de uno en uno. Copiar el motivo, coser y bordar los detalles según se indica en la página 8.

C   D   E   F

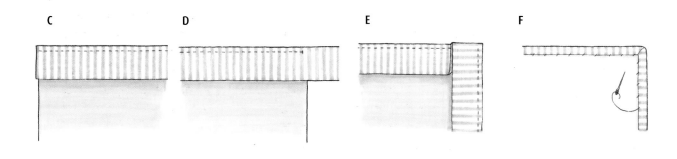

Guata y forro

Extender con el derecho hacia abajo una tela del tamaño suficiente para todo el quilt. Colocar encima de ella una pieza de guata de algodón de igual medida y, por último, la parte delantera del quilt terminado, con el derecho hacia arriba y el revés sobre la guata. Comprobar que todos los cantos queden casados y planchar el quilt para que quede liso. Se hace mejor en el suelo.

Con una aguja grande y puntadas largas, hilvanar en horizontal y en vertical las tres capas del quilt para que no se muevan. Este trabajo inicial es fundamental para que las telas queden en su sitio mientras se acolcha.

El quilt se acolcha a mano con puntadas relativamente grandes (ver la página 9). Primero se acolcha siguiendo las costuras y luego a 1,5 cm aproximadamente a cada lado de cada costura.

El borde

Cuando esté acolchado el quilt, se recortan los márgenes de costura por los bordes, dejando 10 cm todo alrededor del quilt. Hacer un remate en zigzag por el borde para que las capas queden bien unidas.

Cortar unas tiras de tela de 4 cm y unir una con otra hasta tener un largo suficiente para bordear todo el quilt,

unos 6 metros en total. Empezando en una esquina, colocar la tira derecho con derecho sobre la parte delantera del quilt. Coser la tira a unos 6 cm del borde, según se ve en la Figura C.

Al llegar a una esquina, parar la costura a unos 6 cm del borde, como en la Figura D. Doblar la tira tal y como se muestra en la Figura E antes de seguir cosiendo. Cuando esté cosida toda la tira alrededor del derecho del quilt, doblarla sobre el canto y coserla al forro, según se aprecia en la Figura F.

Ángeles

Patrón, páginas 134 y 135.

Sueño con angelitos que guardan la casa, que revolotean con un propósito en mente: hacer la vida más agradable a los habitantes de la casa. A veces se los siente cerca, pero hay días que...

Se necesita:

Tela para el cuerpo
Telas para la ropa y las zapatillas
Fieltro de lana para el jersey
Pelo y alambre de acero
Relleno

Cómo se hace:

La mayoría de los ángeles del libro se confeccionan a tamaño natural, menos el de la cocina de la página 41, para el que se ha ampliado un 140% el patrón.

Cuerpo

Leer las instrucciones generales para muñecos rellenos en la página 10. Doblar la tela de la piel y dibujar sobre ella el cuerpo, los brazos y las piernas siguiendo el patrón igual que se hizo para el perrito de la página 28; coser todas las piezas alrededor. Cortar las piezas, darles la vuelta hacia el derecho y plancharlas. Rellenar las piernas hasta la línea marcada con puntos en el patrón y hacer una costura atravesada antes de rellenar el resto de la pierna, como en la Figura A. Rellenar el cuerpo, doblar el margen de costura de la abertura y meter las piernas. Solamente se rellena la parte inferior de los brazos para que queden colgados una vez vestido el ángel y para poderlos doblar y sujetar en el ángulo que se desee. Coser las piernas y los brazos, según se muestra en la Figura B.

Pantalones

Cortar las piezas del pantalón según el patrón, añadiendo un margen de costura en la cintura y en la parte inferior de la pernera. Las piezas deben ir en doble, con el doblez en el centro de cada una de las dos piezas. Colocar las dos piezas derecho con derecho y coserlas como en la Figura C. Doblar los pantalones de forma que las costuras queden una sobre otra y coser las perneras según la Figura D.

Abrir la costura del bajo de las perneras, quitar unos trocitos de pegamento del papel de la gasilla termoadhesiva (ver la página 6) y meterlos por el doblez de cada bajo. Planchar el doblez para pegarlo.

Volver los pantalones del derecho, ponérselos al muñeco y coserlos por la cintura.

A

B
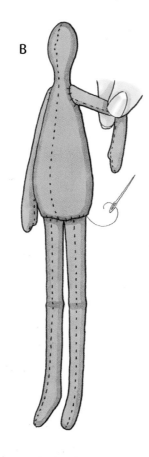

C
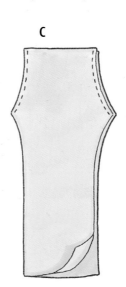

D
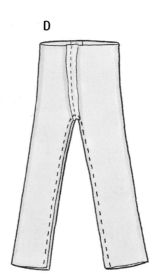

Falda

Cortar una tela de unos 40 x 25 cm, doblarla por la mitad,
derecho con derecho, y coserla por el costado abierto. Coser
el margen de costura por los otros bordes. Ponerle la falda
al ángel, formar unos pliegues en la cintura y sujetarlos con
alfileres antes de coser la falda al cuerpo.

Jersey

Observar que el patrón del suéter tiene una marca de
doblez y se debe cortar en doble. El fieltro de lana no se
deshila, por lo que no se necesita margen de costura en las
aberturas indicadas con líneas de puntos en el patrón.

Colocar dos piezas de fieltro de tamaño suficiente para
el jersey, derecho con derecho, y dibujar el patrón. Coser
por la línea de contorno según se muestra en la Figura E.
Recortar el jersey y volverlo del derecho. Ponerle el jersey
al ángel, como se ve en la Figura F, y luego doblar el cuello
por la mitad hacia dentro, junto al cuello del ángel, como
en la Figura G. Doblar ahora el cuello en doble hacia fuera,
como en la Figura H.

E

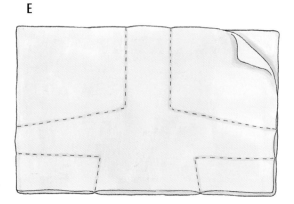

F

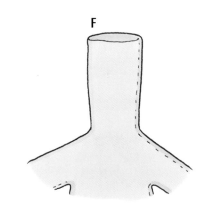

G

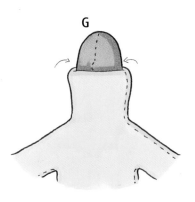

H

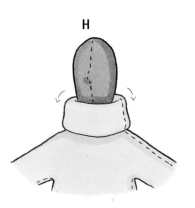

Zapatillas

Doblar la tela para las zapatillas derecho con derecho. Dibujar la forma, coser y dar unos cortes en la curva de la abertura como en la Figura I y volver la pieza del derecho. Doblar la parte doble de modo que el doblez quede en el centro, según se indica en el patrón con una línea de puntos. Dibujar la media zapatilla y coser todo alrededor, como en la Figura J. Recortar la zapatilla y planchar la pala para aplastarla. Dibujar la curva suave del patrón para que quede redondeada la parte delantera de la pala y coser como en la Figura F, antes de cortar el pico de los dedos por fuera de la costura. Volver la zapatilla del derecho para que la costura quede por dentro. Si se desea, se puede bordar una flor en la pala, como la de los Ángeles en bata de la página 103. Ver la Figura L.

Alas

Cortar una pieza de tela doble del tamaño de las alas y una pieza de guata del tamaño de las alas. Doblar la tela derecho con derecho y colocar debajo la guata. Dibujar el patrón sobre la tela y coser por la línea, como en la Figura M. Recortar las alas y darles la vuelta hacia el derecho antes de coser la abertura dejada para volver. Si se desea, se pueden acolchar unas volutas tal y como se aprecia en el patrón; ver la página 9.

Coser o pegar las alas y poner las zapatillas dando un par de puntadas por detrás.

Se puede hacer un peinado de fantasía y dibujar la cara de los ángeles según se indica en la página 11.

I

J

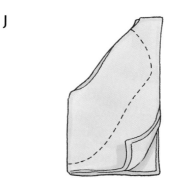

K   L

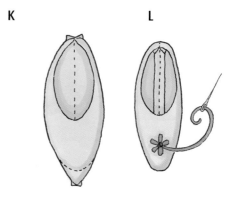

M

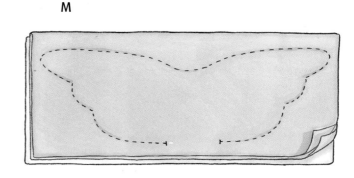

El invernadero

Todo el mundo debería tener un invernadero con preciosas flores durante todo el año.

Si no se dispone de una habitación adecuada, se puede diseñar un pequeño jardín sobre una mesa junto a una ventana o una puerta-ventana.

En mi invernadero hay peras del huerto, rosas y un ángel del jardín que revolotea cuidando de todo lo que crece. También los caballos tienen cabida en este espacio, porque querían estar cerca del jardín.

Peras

Patrón, página 136.

Las peras de tela son un adorno original en un cuenco o sobre un frutero. Se pueden decorar con parches o bordando palabras.

Se necesita:
Tela para la pera
Tela para la hoja
Relleno
Palito de floristería
Hilo de bordar
Si se desea, tela y gasilla adhesiva de doble cara
*   para un parche o hilo de bordar para decorar*

Cómo se hace:
Doblar la tela para la pera y la tela para la hoja y dibujar las piezas según el patrón. Coser por la línea de contorno tal y como se ve en la Figura A. Observar que en el patrón de la pera se indica ME, que significa margen de costura extra a cada lado de la abertura. Recortar las piezas y volverlas del derecho.

Doblar hacia dentro el margen extra de la abertura de la pera y pasar un hilván por todo el borde. Rellenar la pera y fruncir la abertura. Con una aguja larga, pasar una hebra de bordar desde la parte inferior hasta salir por arriba de la pera. Volver a pasar la hebra en sentido contrario y anudar los dos cabos de la hebra por debajo de la pera, tirando de los cabos para que la parte de arriba de la pera quede hundida (ver la Figura B).

Cortar unos 5 cm de palito de floristería y afilar una punta. En la parte de arriba de la pera, hundir la punta girando para atravesar la tela y fijarla en la pera. Coser la hoja según se muestra en la Figura C y adornar la pera con un parche, unas palabras o algo por el estilo.

A

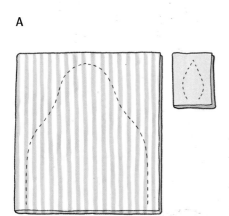

B

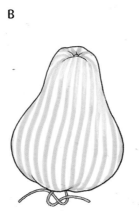

C

Rosas

Patrón, página 136.

Las flores de tela no se marchitan nunca, son un regalo perfecto y, al igual que las fresas, se pueden perfumar con aroma de rosas para refrescar el aire de una habitación. También son un buen adorno de sombreros, bolsos y echarpes.

Se necesita:

Tela para la rosa
Tela para las hojas
Hilo de bordar

Cómo se hace:

El patrón de rosa grande se ha dividido en dos partes para que entre en la página. Juntar las dos partes casando las líneas A-B. Tanto el patrón de rosa grande como el de rosa pequeña están marcados con una línea de doblez y se pone la tela en doble. El patrón de la rosa grande mide alrededor de 1 m de largo y el de la pequeña, unos 58 cm.

Cortar una tira de tela dos veces el ancho del patrón de la rosa y doblarla. Dibujar el patrón de la rosa y coser por la línea dibujada, dejando una abertura en la costura recta, para volver del derecho (ver la Figura A).

Recortar la rosa, volverla del derecho y plancharla. Empezar por enrollar un par de vueltas en un extremo y dar unas puntadas con hilo de bordar antes de seguir pasando un frunce por todo el borde, como en la Figura B.

Fruncir la tela antes de enrollar la rosa y dar unas puntadas de sujeción antes de seguir frunciendo y enrollando (ver la Figura C). Cuando esté fruncida y enrollada toda la rosa, pasar la aguja por todas las capas de tela varias veces en un sentido y en otro, por la parte inferior de la rosa. Doblar hacia abajo la tela de las vueltas exteriores para que la rosa quede abierta y se vean más capas de la rosa, como en la fotografía de arriba.

Poner en doble la tela de las hojas, dibujar el patrón sobre la tela y coser por la línea dibujada. Recortar la parte de las hojas de la rosa, hacer una abertura para volver del derecho en una de las capas de tela y volver la pieza del derecho. Coser esta pieza a la parte inferior de la rosa terminada.

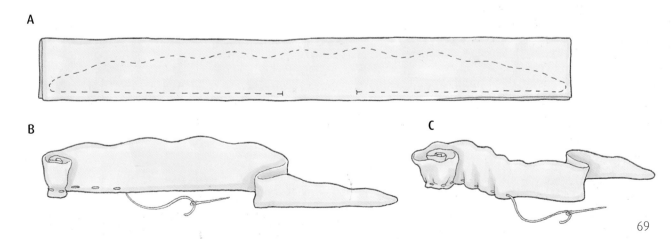

A

B   C

Caballitos

Patrón, página 137.

A

Estos caballitos galopan, libres y dichosos, por todo el invernadero.

Se necesita:

Tela para el cuerpo
Tela para los parches
Relleno
Cuerda o similar para las crines
Pintura un poco más oscura que la tela del cuerpo
Hilo de bordar para las palabras
Soporte para muñecos

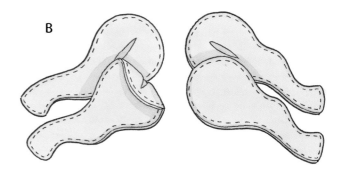

B

Cómo se hace:

El caballo grande está ampliado un 120% respecto al original. Para que la figura quede lisa, utilizar entretela termoadhesiva fina para armar la tela antes de coser las piezas del caballo.

Poner en doble la tela para el caballo, derecho con derecho, y dibujar sobre ella el cuerpo, las orejas y las cuatro patas. Coser las piezas por el borde, como en la Figura A, y recortarlas. Hacer una abertura para dar la vuelta en una de las capas de tela de cada pata, teniendo en cuenta que en dos patas tiene que estar en el lado contrario, para tener patas derechas e izquierdas (ver la Figura B). Volver las piezas del derecho, plancharlas y rellenarlas y luego coser las aberturas.

C

Mezclar un poco de pintura algo más oscura que la tela del cuerpo, poniendo por ejemplo blanco y marrón para un caballo beige y marrón y negro para un caballo oscuro. Pintar la boca y los cascos del caballo.

Pegar unos parches sobre el caballo utilizando entretela termoadhesiva de doble cara y la plancha caliente y hacer un punto de festón separado todo alrededor del parche. Si se desea, copiar y bordar las palabras *My horse* (Mi caballo) según se indica en la página 10. Coser las patas.

Doblar hacia dentro el margen de costura de la abertura de las orejas, rellenarlas y doblarlas hacia atrás. Coserlas sobre la cabeza. Hacer un manojo de cuerda y coserlo entre las orejas antes de recortarlo con tijera, como en la Figura C.

Coser un manojo de cuerda para hacer la cola y cortarlo a la altura adecuada. Dar unas puntadas en cruz sobre el morro para hacer los agujeros de la nariz y hacer la cara según se indica en la página 11. Afilar el palo del soporte con un sacapuntas y meter la punta en el caballo, empujando y girando.

Ángeles del jardín

Patrón de la chaqueta, página 134.

Un soñador ángel del jardín va bien en el invernadero, un lugar más placentero que utilitario.

Las instrucciones que se indican a continuación son para aquellos detalles diferentes de los del ángel de las páginas 58 a 63, es decir para la chaqueta, la bufanda y el delantal. Las instrucciones para las rosas están en la página 68. El cuerpo, el pantalón, la falda, las zapatillas y las alas son iguales que los del ángel de las páginas 58 a 62.

Delantal

Se necesita:

Tela para los parches y el delantal
Gasilla termoadhesiva de doble cara para los parches

El delantal mide 20 x 14 cm, más margen de costura. Doblar y coser los bordes del delantal; si se desea se puede poner un parche utilizando gasilla termoadhesiva de doble cara y bordando alrededor un festón separado o similar. Coser el delantal con unos pliegues a la cintura, igual que la falda.

A

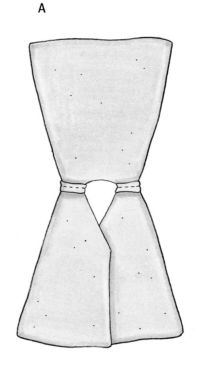

B

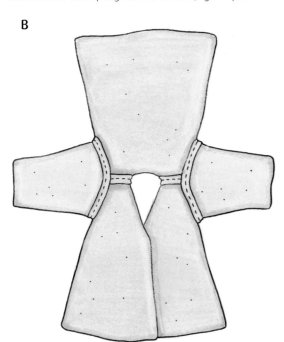

C

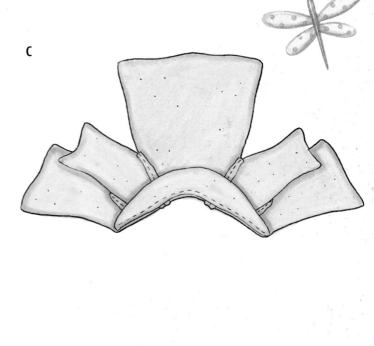

D

E

Chaqueta y bufanda

Se necesita:

Fieltro de lana para la chaqueta
Cordón (cuero sintético o similar) para la chaqueta
Tela para la bufanda

Nota: se utiliza el mismo patrón de la bata, páginas 102-103. La línea de puntos indica el bajo de la chaqueta.

Cortar dos piezas para el delantero, una para la espalda, dos mangas y un cuello. El fieltro de lana no se deshila por lo que sólo se deja margen de costura en los bordes que vayan cosidos. Los bordes sin margen se indican con líneas de puntos en el patrón.

Coser los delanteros a la espalda según se indica en la Figura A y luego coser las mangas según la Figura B.

Estirar la pieza del cuello poniéndola del derecho sobre el revés de la chaqueta y coserla alrededor del cuello (Figura C). Poner la chaqueta en doble, derecho con derecho, y coser los costados (Figura D). Volverla del derecho.

Para la bufanda del ángel, cortar una pieza de tela, doblarla a lo largo y sujetarla alrededor del cuello del ángel antes de ponerle la chaqueta (Figura E). Ponerle la chaqueta y ceñirla con un cordón alrededor de la cintura para mantenerla.

Las perchas de madera blanda se venden en tiendas de manualidades y se pueden utilizar para ponerles una fila de colgaderos tal como se aprecia en la foto de abajo.

Utilizar listones de madera y clavos para formar vallas de jardín. Se les puede dar un aspecto rústico aplicando color marrón a la madera antes de pintarla con un color claro extendido con un pincel casi seco.

El cuarto de costura

El cuarto de costura es quizá el corazón de mi casa. Aquí se encuentran cosas bonitas y útiles que son también estupendos regalos para mis amigas: alfileteros, libros para aguas y bolsitas para botones, entre otras maravillas.

El tablero decorativo con bolsillos está montado sobre un bastidor.

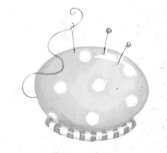

Alfileteros sobre aros de madera

Estos alfileteros están inspirados en otros de la década de 1950 y llevan una base firme de una anilla de madera. En las páginas de patrones se puede encontrar un motivo de bordado de estilo y forma adecuados.

Si se dispone de un buen sillón, cómodo y blando en el que sea un placer ponerse a coser, se puede sujetar el alfiletero en el brazo con unos alfileres, para tenerlo a mano cuando se necesite.

Se necesita:

Arito de madera
Tela para forrar el aro
Tela para el alfiletero
Hilo de bordar
Relleno

Cómo se hace:

Cortar una tira de tela de un ancho que cubra la anilla y de un largo suficiente para forrar su circunferencia. La tela quedará un poco fruncida alrededor de la anilla una vez cosida, por lo que debe ser algo más larga que la circunferencia. Añadir un margen de costura al ancho para poder remeter un borde y coserlo sobre el otro, como en la Figura A.

Dibujar sobre la tela del alfiletero un redondel, dos veces y media más ancho que la anilla, de modo que si la anilla mide 10 cm de diámetro, el disco de tela será de 25 cm.

Añadir margen de costura y cortar la pieza. Bordar el motivo en el centro del disco según se indica en la página 8.

Pasar un hilván por el borde del disco con hilo de bordar, fruncirlo ligeramente y rellenar el disco. Fruncirlo ahora un poco más y terminar de rellenarlo bien apretado. Fruncir y coser en un sentido y en otro el fruncido para que la almohadilla quede lo más redonda posible.

Presionar la anilla contra el revés del alfiletero y coserlo dando las puntadas sobre la tela que forra la anilla y la almohadilla, procurando que queden entre la almohadilla y la anilla, como en la Figura B.

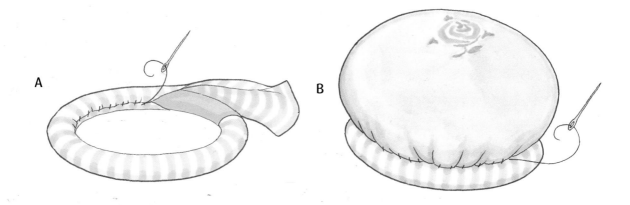

A

B

Libro para agujas

Patrón, página 138.

Estos bonitos libros mantienen las agujas protegidas
en varias capas. El estuche se refuerza con entretela
termoadhesiva para que las agujas no atraviesen la tela.
Unos automáticos facilitan el cierre y apertura del librillo
cuando se utiliza continuamente.

Se necesita:

Tela para las tapas del libro
Tela para el forro y las capas intermedias
Entretela termoadhesiva fina para armar
Automáticos
Hilo de bordar o similar para decorar

Cómo se hace:

Cortar un trozo de tela para las tapas del libro y una pieza
de tela de forro que cubra el patrón. Sobre el revés de
la tela de las tapas pegar con la plancha una entretela
termoadhesiva. Poner la tela con la entretela y la tela del
forro derecho con derecho, dibujar el patrón y coser por la
línea, dejando una abertura para volver (ver la Figura A).

Doblar, derecho con derecho, una pieza de la misma
tela utilizada para el forro; dibujar dos piezas intermedias
y coserlas por las líneas. Recortar las piezas y volverlas del
derecho cosiendo luego las aberturas. Hallar el centro de
las piezas y coserlas por él sobre las tapas, como indica la
línea de puntos del patrón (ver la Figura B).

Doblar la parte inferior de las piezas centrales y luego
las alas hacia el centro. Doblar ahora la parte inferior de
la tapa sobre las alas y la parte superior hacia abajo sobre
ella. Planchar el estuche cerrado para formar los dobleces.

Si se desea, se borda un motivo pequeño sobre el
estuche según se indica en la página 8, dejando espacio
para los automáticos. Marcar la ubicación de las dos
partes del automático, comprobando que coincidan
y ponerlas siguiendo las instrucciones que acompañan
a los automáticos.

A

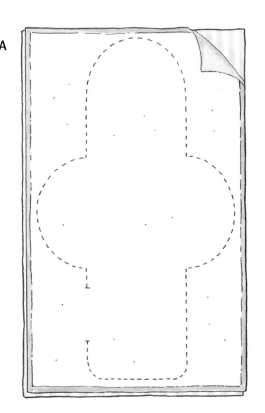

B

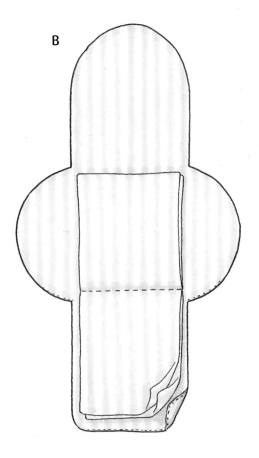

Bolsitas para botones

Estas bolsitas de tela sirven naturalmente para
otras cosas además de para tener reunidos los botones.
Se pueden hacer muy rápidamente sin adornos. También
se pueden realizar en otros tamaños (para guardar zapatos,
pijamas, gafas, etc.). Este tamaño también es adecuado
para hacer una bolsita con lavanda o con jabón.

Se necesita:

Tela para la bolsita
Cordón
Hilo de bordar y botones para el motivo
Entretela termoadhesiva fina si hiciera falta

Cómo se hace:

Cortar un trozo de tela de 24 x 17 cm, añadiendo un
margen de costura. Doblar la tela para que la bolsita
terminada mida 12 cm de ancho. Situar el motivo en el
centro de la mitad derecha, a unos 3 cm del fondo. Al
situar el motivo hay que tener en cuenta que el margen
de costura no estará ahí cuando la bolsita esté terminada.
Bordar el motivo según se indica en la página 8. Si fuera
necesario, utilizar entretela termoadhesiva para reforzar
la tela donde se vaya a bordar el motivo.

Medir 3 cm a partir el borde superior de cada lado, dar
un corte en el margen de costura y doblarlo hacia el revés
de la tela, cosiéndolo según se ve en la Figura A.

Doblar el borde hacia dentro y hacia abajo, pasar el

cordón y coser todo el borde como en la Figura B. Doblar
la tela por la mitad, derecho con derecho, y coser los dos
bordes restantes para formar la bolsita, como en la
Figura C. Dar la vuelta a la bolsa y plancharla. Se pueden
coser unos botones por encima de los botones bordados,
para dar mayor autenticidad.

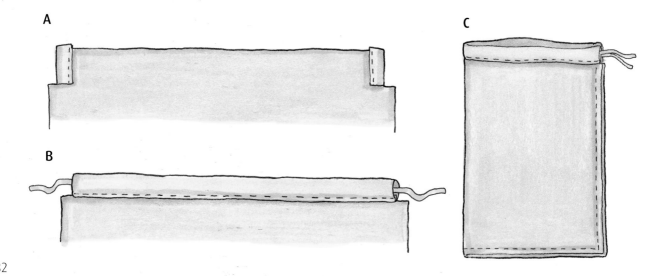

A

B

C

Cajas de tela

Se necesita:

Tela
Fieltro sintético de unos 20 mm de ancho
Cartón para la base, cortado de una caja de cartón, por ejemplo

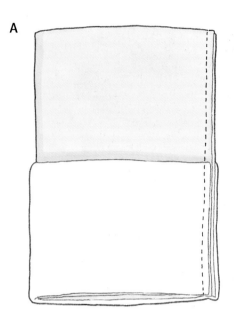

Cómo se hace:

Caja pequeña: tela, 64 x 48 cm; fieltro sintético, 64 x 24 cm;
   cartón, 18 x 4 cm
Caja grande: tela, 100 x 75 cm; fieltro sintético 100 x 37 cm;
   cartón, 28 x 21 cm

Dejar un margen de costura generoso todo alrededor de las
telas, y solamente en el lado corto del fieltro.

Colocar la tira de fieltro de modo que cubra la mitad del
revés de la pieza de tela. Doblar todo por la mitad, derecho con
derecho, y coser el costado abierto tal y como se muestra en la
Figura A. Doblar la parte de tela sobre la parte de tela/fieltro
y planchar para que el fieltro quede aplastado y compacto
entre las dos capas de tela. Coser las capas juntas por el borde
inferior, como en la Figura B.

Doblar la pieza para que quede una esquina a cada lado
de la base y hacer una costura de 7 cm de lado para la caja
pequeña y de 11 cm para la grande (ver la Figura C). Cortar
los picos de la esquina por fuera de las costuras recién hechas
y volver la caja del revés para que las costuras queden por
dentro de la caja. Forrar el cartón de la base con tela y coserla
por el revés. Meter la base de cartón en el fondo de la caja,
ocultando las costuras del fondo. Por último, volver el borde
hacia fuera y hacia abajo para reforzar la caja, unos 4 cm para
la caja pequeña y unos 5,5 cm para la grande. Plancharlo.

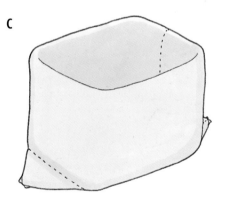

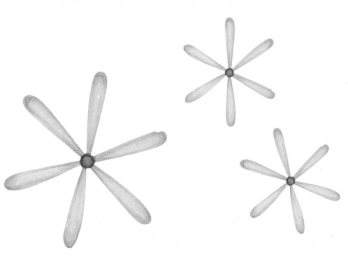

Etiquetas de tela

Patrón, página 138.

Se necesita:

Tela
Guata de algodón
Ojetes pasacintas, de unos 6 mm de diámetro
Cordón

Cómo se hace:

Doblar un trozo de tela lo bastante grande para cubrir el patrón en doble, derecho con derecho, y ponerlo sobre un trozo de guata que cubra una vez el patrón. Dibujar el patrón y coser sobre la línea, dejando una abertura para volver del derecho. Recortar, dar la vuelta a la pieza y plancharla. Poner un ojete siguiendo las instrucciones del fabricante.

El cuarto de baño

El sol de la mañana se cuela por la ventana del baño. Aquí se ofrecen instrucciones para una elegante bolsa Pompadour para los artículos de aseo, un atractivo tapiz con la leyenda *Angel Rose Water* (Agua de rosas del ángel), un neceser para los productos de maquillaje y varias bolsas de colgar, así como una pareja de ángeles en bata, esperando su turno.

Hay quien disfruta madrugando... ¡pero estos ángeles parece que no!

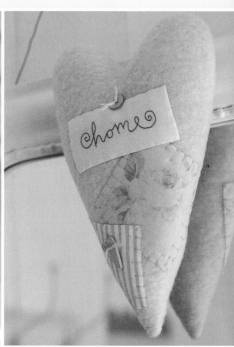

Pompadour

Patrón de la aplicación del ángel, página 139.

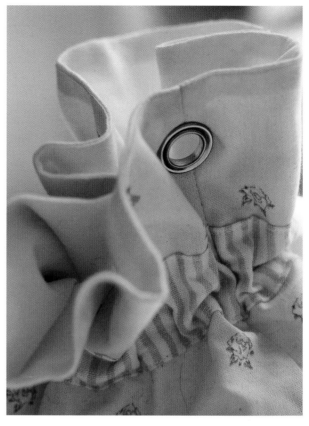

Se necesita:

Tela
Tela de forro
Tela para el pasacintas
Guata de algodón
Hilo de bordar
Tela para la aplicación, si se desea
Cordón
Ojetes para el pasacintas: dos de 6 mm y uno de unos
*   11 mm de diámetro*

Cómo se hace:

Cortar una pieza de tela y otra de tela para el forro, de 32 x 56 cm. Cortar una tira de tela para el pasacintas de 56 x 3 cm. Añadir a todas las piezas márgenes de costura. Planchar el margen de costura alisándolo a cada lado del pasacintas. Cortar un trozo de tela de unos 2,5 x 6 cm y centrarlo por el revés del pasacintas para reforzarlo donde se vayan a situar los ojetes.

Perforar los agujeros para el pasacintas en las dos capas, a unos 2 cm de distancia. Cortar dos trozos de cordón de unos 40 cm de largo. Sujetar con alfileres el pasacintas a 5 cm de los bordes largos de la tela. Colocar los cordones por dentro del pasacintas y pasarlos por los agujeros. Coser el pasacintas por encima del cordón para fijar los extremos de éste, como en la Figura A. Cortar un trozo de guata de

56 x 20 cm, añadiendo margen de costura. Colocar la guata sobre la parte inferior, casándola con el borde de la tela. Coserla con una costura arriba (donde termina la guata) y abajo, con un zigzag, como en la Figura B.

Cortar unos discos de tela, de tela de forro y de guata de unos 18,5 cm de diámetro, añadiendo margen de costura. Coser el disco de guata sobre el revés del disco de tela con un zigzag por el borde, como en la Figura C.

A

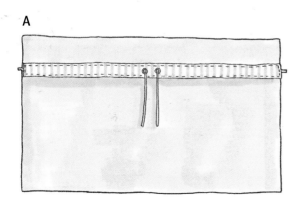

B

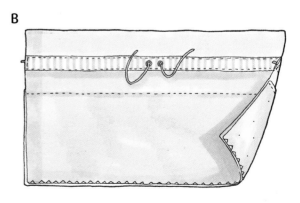

Coser la tela y el forro juntos por el borde superior. Coser el disco de tela para formar una base, sobre la tela de la bolsa y el disco de forro en la parte del forro. Por último, coser el costado de la tela con el forro, dejando una abertura para volverla, en la parte del forro. Volver la bolsa Pompadour hacia el derecho por la abertura y empujar el forro hacia abajo de la tela.

Planchar la bolsa y poner un ojete grande en el agujero de detrás del pasacintas para colgar la bolsa. Bordar una flor sencilla según se indica en la página 8 o un motivo de ángel según se describe en Aplicaciones del revés, página 9.

C

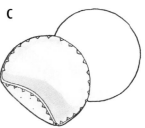

D

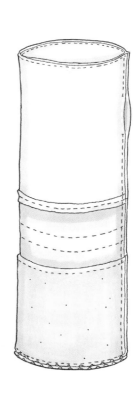

Neceser de maquillaje

Patrón, página 138.

Se necesita:

Tela

Tela para forro

Guata de algodón

Cremallera de unos 20 cm de largo

Hilo de bordar y tela para aplicaciones, si se desea

Cómo se hace:

Cortar dos trozos de tela, dos de guata y dos de tela de forro, añadiendo margen de costura. Coser la guata sobre el revés de la tela con un zigzag por todo el borde, como en la Figura A. Si se desea, se decora una de las piezas de tela con aplicaciones (según se indica en la página 9), o con un bordado (según se indica en la página 8). Al situar el motivo, tener en cuenta que la parte inferior de la pieza es el fondo del neceser.

Poner el derecho de la cremallera sobre el derecho de la tela a lo largo del borde en curva y colocar encima la tela de forro, con el derecho sobre la tela y la cremallera. Coser por el borde en curva como se indica en la Figura B. Doblar la tela y el forro hacia atrás y coser de igual modo la otra pieza de tela y el forro con el otro galón de la cremallera.

Abrir la cremallera y poner las dos piezas de tela y las dos de forro derecho con derecho. Coser los costados y el

A

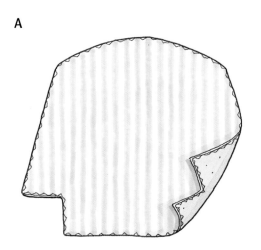

B

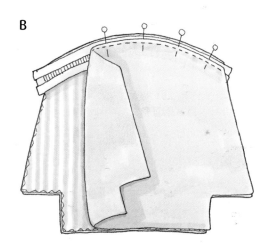

fondo, dejando las esquinas abiertas. Dejar una abertura en el forro para dar la vuelta al neceser, tal y como se muestra en la Figura C. Doblar las esquinas abiertas de modo que las costuras queden paralelas y se forme una base en las piezas de la tela y del forro. Coser las esquinas según se indica en la Figura D. Cortar las esquinas y el sobrante de margen de costura y dar vuelta al neceser. Empujar el forro hacia el interior de la tela. Si se desea, se puede hacer una costura de acolchado sobre todas las capas a cada lado de la cremallera para que el forro quede sujeto por dentro de la tela (ver la Figura E).

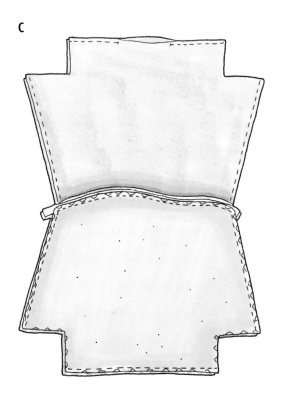

C

D

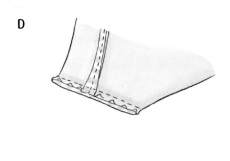

E

Angel
rose water

keeps your
skin young
and beautiful

Tapiz Agua de rosas

Patrón, página 140.

No hay que dar más vueltas: según este tapiz, para mantener la piel joven y bella, lo mejor es el Agua de rosas del ángel.

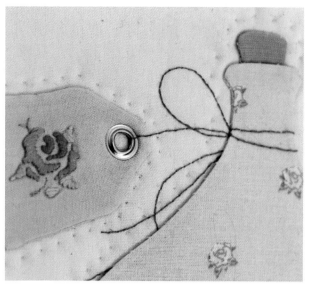

Se necesita:

Telas para el fondo y para los bordes a ondas
Tela para la trasera
Telas para las aplicaciones
Guata de algodón
Hilo de bordar
Un ojete de pasacintas de 6 cm para el parche
Dos anillas para colgar, si se desea

Cómo se hace:

Este tapiz es parecido al de la página 38 y, aunque el motivo varía, el procedimiento es casi el mismo. Montar el tapiz con bordes de ondas como el de los motivos de tartas de la página 38. Situar las palabras de forma que la parte de puntos del patrón quede a lo largo de la tela del forro. Bordar las palabras según se indica en la página 8.

Coser las aplicaciones del revés, según se indica en la página 9 (la botella, el tapón, la etiqueta, las dos alas, la cabeza y el cuerpo del ángel por separado). Perforar y poner un ojete en la etiqueta para lograr mayor efecto. Colocar las aplicaciones sobre la tela de fondo y coserlas. Bordar las rosas y el cordón de las etiquetas y hacer una costura decorativa alrededor de la etiqueta y de las alas y bordar el pelo según se indica en la página 8. Coser la abertura de dar la vuelta. Acolchar alrededor de la botella, de la etiqueta y de la rosa bordada sobre la tela de fondo y por todo el borde del tapiz según se indica en la página 9.

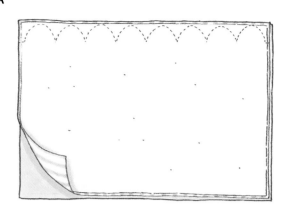

A

Bolsitas de pared

Patrón del bode a ondas, página 141.

Se necesita:

Tela
Tela para el forro
Entretela termoadhesiva fina
Un ojete de 11 mm

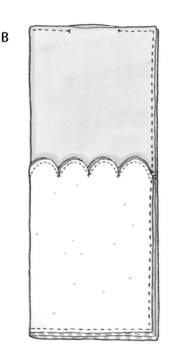

B

Cómo se hace:

Cortar una pieza de tela, otra para el forro y otra de
entretela que midan 29 x 19 cm, añadiendo margen de
costura. Planchar la entretela sobre el revés de la tela.
Si se desea, se puede bordar un motivo pequeño en el
centro según se indica en la página 8. Colocar la tela sobre
el forro, derecho con derecho. Dibujar el borde a ondas
en uno de los largos y coser tal y como se aprecia en la
Figura A. Recortar el borde a ondas según se indica en la
página 10. Doblar la tela y el forro cada uno hacia un lado
de forma que quede tela sobre tela y forro sobre forro.
Coser por los bordes dejando una abertura en el forro para
dar la vuelta, como en la Figura B. Doblar las esquinas en
direcciones opuestas y hacer una costura atravesada a
2,5 cm de la punta, formando la base tanto en la tela como
en el forro. Ver la Figura C.

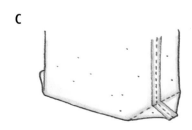

C

Cortar las esquinas por fuera de estas costuras y volver la
bolsa del derecho. Empujar el forro por dentro de la tela y
planchar. Perforar y poner el ojete en el dorso para colgar
la bolsita.

Ángeles en bata

Aquí aparecen dos ángeles en bata, aún algo dormidos y esperando impacientes a que los habitantes de la casa terminen de asearse y dejen libre el cuarto de baño.

Coser los pantalones (que aquí figuran ser del pijama), las zapatillas y las alas según se indica en las páginas 59-62.

La bata se confecciona igual que la chaqueta de las páginas 73-74, pero utilizando todo el largo del patrón. Las florecitas se bordan según se indica en la página 8.

La toalla del ángel es un trozo de tela de unos 15 x 10 cm, doblada por la mitad. Los bordes se doblan hacia dentro y se pegan con pistola para que no se deshilen.

Los corazones grandes de fieltro de lana se decoran con parches, botones y palabras del tapiz Mi casa, según se indica en la página 55.

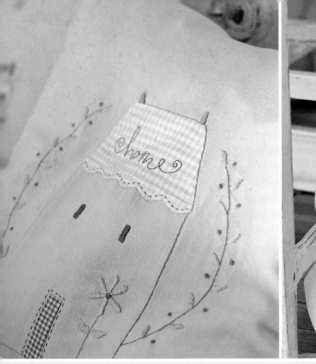

El dormitorio

Un dormitorio digno de una princesa, ¡por lo menos de una princesa en espíritu! Las mantas se hacen sencillamente uniendo fieltro de lana con una tela. Los demás artículos se encuentran en este capítulo o en otros del libro. El osito es como el que figura en la página 118, ampliado un 140%.

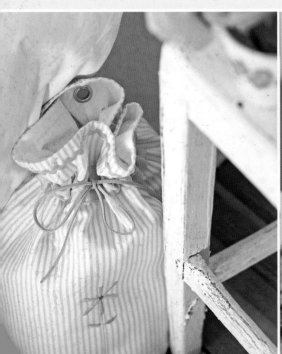

Funda para bolsa de agua caliente

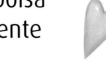

Patrón, página 142.

Se necesita:

*Fieltro de lana y tela o bien tela y entretela termoadhesiva
 gruesa para la funda*
Tela e hilo de bordar para la etiqueta decorativa
Botones

Cómo se hace:

Aquí se ha confeccionado una funda con fieltro de lana
y otra con tela. El proceso de confección es ligeramente
distinto.

Para empezar, cortar dos veces el patrón y poner las
partes una junto a otra, casando las letras A y las B.
Los bordes con botones de arriba y de abajo se solapan
en el patrón lo mismo que se solaparán al abrocharlos.
Ver dónde termina cada sección.

Si el patrón no corresponde a la bolsa de agua,
se utiliza la bolsa como patrón.

Funda de tela

Cortar un trozo de tela que cubra toda la bolsa, añadiendo
un margen de costura más 2 cm arriba para doblar. Cortar
otro trozo igual de entretela gruesa, pero sin dejar los 2 cm
de arriba. Planchar la entretela sobre el revés de la tela,
como en la Figura A.

Cortar la parte de arriba y de abajo del frente, añadiendo
3 cm de tela en la abertura en las dos secciones, y coserlo
de modo que el borde de los botones tenga el ancho
indicado en el patrón, teniendo en cuenta que el borde de
arriba tiene que montar sobre el de abajo y que ambos
deben tener el mismo ancho. Hacer tres ojales en el
borde de la sección de arriba y coser tres botones en el
borde recto de abajo, como en la Figura C. Abrochar las
dos secciones. Colocar el frente terminado sobre el dorso,
derecho con derecho, y coserlos. Doblar hacia abajo el borde
extra alrededor de la abertura de arriba y coserlo según
se muestra en la Figura D. Recortar el margen sobrante y
volver la funda del derecho.

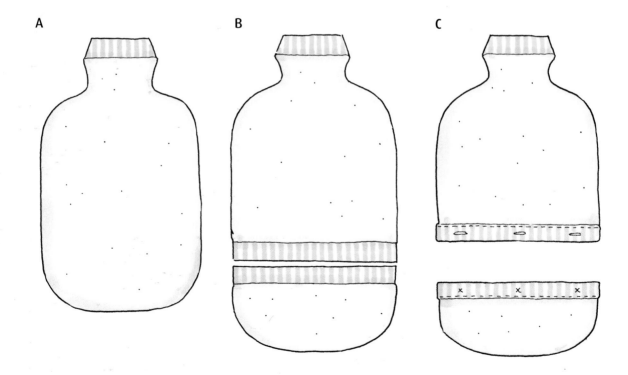

Funda de fieltro

Para la funda de fieltro no se utiliza entretela sino que se cose un borde de tela en la parte abrochada para que quede firme. Recortar las piezas de fieltro según el patrón, pero omitiendo el borde de abrochar. Dejar un margen de costura como siempre alrededor de las piezas y un margen extra en la abertura de arriba. Cortar dos tiras de tela de unos 6 cm de ancho y de un largo igual al ancho de la funda. Doblar la tira por la mitad a lo largo y coser por los bordes a las piezas de fieltro de modo que queden de unos 2,5 cm de ancho, según se muestra en la Figura E. Doblar los bordes hacia el exterior, hacer los ojales, coser los botones y seguir confeccionando la bolsa igual que la de tela.

Decoración

Coser la etiqueta por el revés según se indica en la página 9. Bordar *Warm and cosy* (Calentito y agradable) y bordar una flor según se indica en la página 8. Coser la etiqueta sobre la funda con puntadas invisibles.

D

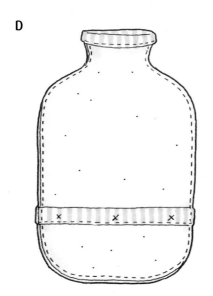

E

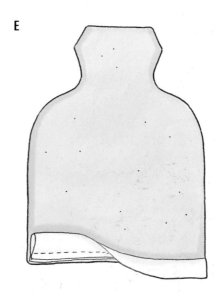

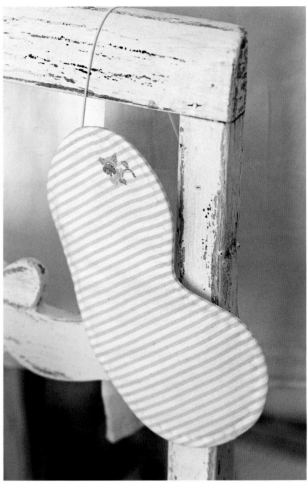

Antifaz para dormir
Patrón, página 141.

Se necesita:

Tela
Guata de algodón
Cordón elástico fino
Hilo de bordar para el adorno, si se desea

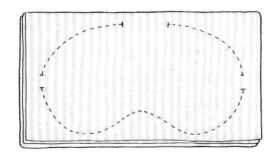

Cómo se hace:

Doblar una pieza de tela lo bastante grande de modo que cubra el patrón en doble y colocarla sobre una pieza de guata que cubra el patrón una vez. Dibujar el antifaz y hacer una costura sobre la línea, como en la figura de la izquierda. Dejar una pequeña abertura para el cordón a cada lado del antifaz y otra abertura para volverlo del derecho, según se indica en el patrón. Sostener un extremo del cordón sobre la sien izquierda, estirarlo alrededor de la cabeza hasta la sien derecha y cortar ese trozo. No dejarlo demasiado tirante. Colocar el cordón entre las capas de tela, sacando los extremos por las aberturas de los lados. Coser las aberturas ida y vuelta para sujetar bien el cordón. Recortar el antifaz y volverlo del derecho. Si se desea, se puede bordar una rosa o similar siguiendo las indicaciones de la página 8 y acolchar por todo el borde según se indica en la página 9.

Revisteros de colgar

Se necesita:

Tela
Entretela termoadhesiva gruesa
Ojetes de unos 11 mm de diámetro
Percha y automáticos

Cómo se hace:

Hay dos versiones de revisteros, una que se cuelga
directamente de la pared mediante tres ojetes
para pasar cordones, y otra que se abrocha a una percha.

Colgar con ojetes

Cortar dos piezas de tela y una de entretela termoadhesiva
gruesa que midan 74 x 26,5 cm y añadirles margen de
costura. Planchar la entretela gruesa sobre el revés de una
de las piezas de tela.

Cortar cuatro piezas de tela y dos de entretela gruesa
de 21 x 26,5 cm para los bolsillos y añadirles margen de
costura. Planchar la entretela gruesa sobre el revés de dos
piezas de tela. Ahora las piezas de tela sin entretela se
denominan "forro".

Poner la tela y el forro de los bolsillos juntos, derecho
con derecho. Dibujar, coser y volver del derecho el bolsillo
con el borde a ondas, según se indica en la página 10.
Hacer una costura en zigzag por el borde para unir las capas,
como en la Figura A.

Coser los bolsillos en su sitio, uno a 5 cm del borde
inferior y el otro a 37 cm del borde inferior. Los bolsillos
deben quedar mirando hacia abajo al coserlos, como en la
Figura B. Doblar los bolsillos hacia arriba y coserlos en su
sitio con un zigzag, como en la Figura C.

Colocar la pieza de forro derecho con derecho sobre la
pieza del bolsillo y coserla alrededor, dejando una abertura
para volverla. Recortar el margen de costura sobrante y
volver la bolsa hacia el derecho. Hacer una costura de 5 cm
por debajo del borde superior y poner los tres ojetes según
se muestra en la Figura D.

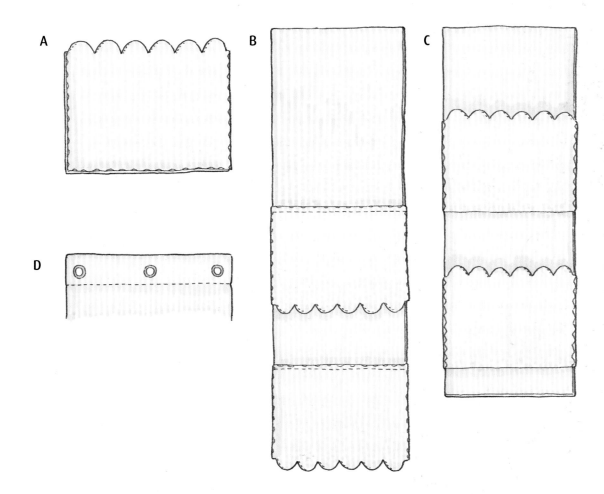

A

D

B

C

Colgar en percha

Si se desea colgar de una percha el revistero, se monta igual que antes pero dejando 5 cm extra arriba para doblar ese borde en torno a la barra de la percha. Las dimensiones del forro son, por tanto, 79 x 26,5 cm.

Poner las piezas superiores de los cuatro automáticos a 1 cm del borde de arriba y las piezas inferiores a unos 9 cm de arriba. Asegurarse de casar bien los automáticos para poderlos abrochar. Abrochar el revistero en torno a la barra de la percha, como en la Figura E.

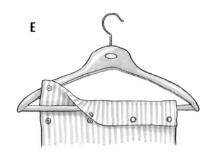

E

Osito

Este osito es igual que el de la página 119, pero está agrandado un 140%.

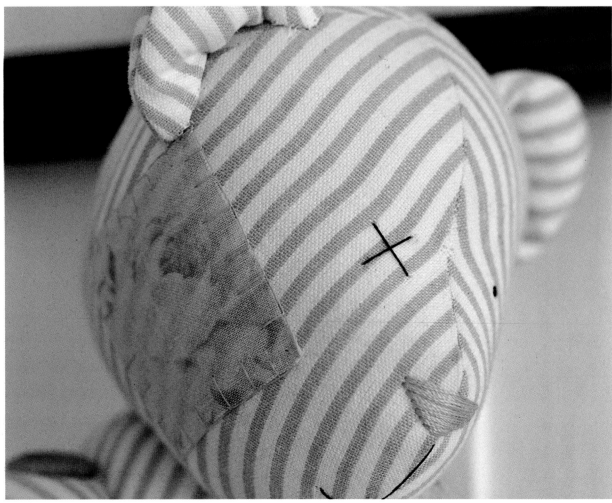

Dormitorio infantil

En el dormitorio infantil se encuentran todos los muñecos del libro. Un caballo volador con alas de ángel cuelga bajo el dosel de la cama. El gatito está dormido en la cama de juguete y el perro comprueba que no se esconden monstruos debajo de la cama. Los ositos están merendando y contándose lo que han hecho ese día. Grandes fresas sirven a un tiempo de cojines y de juguetes. **Nota:** hay que tener en cuenta la edad de los niños y asegurarse de que son seguros los juguetes que se ponen en su cuarto.

Se puede confeccionar un tablero de pared forrando de tela un bastidor de cuadro. Utilizar una pistola de pegamento para poner unas cintas formando celosía, cosiendo un botón o un pompón en los cruces.

Ositos

Patrón, página 143.

Se necesita:

Tela para el cuerpo

Tela y gasilla termoadhesiva de doble cara para los parches

Fieltro de lana para el jersey

Tela para el pantalón

Hilo de bordar

Cuatro botones

Relleno

Nota: los objetos pequeños como los botones pueden resultar peligrosos para niños de corta edad. Se debe evaluar si este juguete es adecuado a la edad del niño.

Cómo se hace:

Los ositos del cuarto infantil se cosen al tamaño del patrón, mientras que el osito de rayas del dormitorio se agranda un 140%.

Coser el osito igual que el gato de la página 32, aunque aquí los brazos y las patas se fijan al cuerpo utilizando botones e hilo de bordar, según indica la Figura A. De este modo los brazos y las piernas se pueden mover y será más divertido jugar con el osito.

Bordar unas líneas pequeñas en las manos y los pies que representen las garras, como en la Figura B. Coser el jersey de fieltro como el del ángel de la página 60.

A

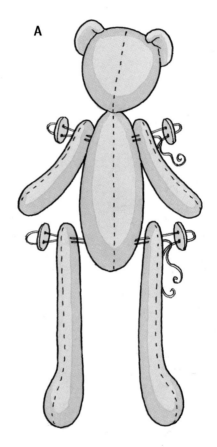

B

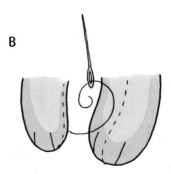

Recortar las piezas del pantaloncito del oso, añadiendo un buen margen de costura arriba y abajo. Colocar las piezas derecho con derecho y coserlas según indica la Figura C. Doblar el pantaloncito en sentido contrario y coser las perneras, como se muestra en la Figura D. Planchar la costura utilizando gasilla adhesiva y volver el pantalón del derecho.

Coser el pantalón al osito dando unas puntadas por la cintura y ponerle el jersey. Doblar el cuello del jersey igual que el del ángel de la página 60.

Por último, pegar los parches con la plancha poniendo una gasilla por el revés y hacer todo alrededor un punto de festón separado. Hacer la cara del osito siguiendo las indicaciones de la página 11, pero sustituyendo un ojo por un Punto de Cruz. Hacer una puntada larga desde el hocico y otra atravesada para dibujar la boca, como en la Figura E.

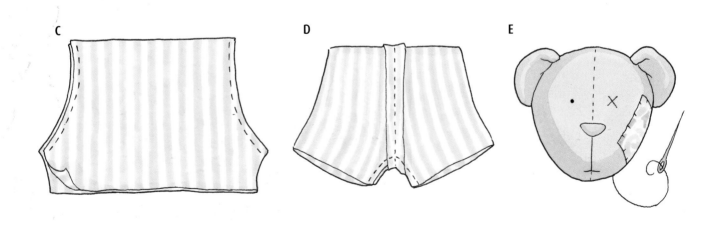

C

D

E

Cojines de fresa

Patrón, página 144.

Cuando yo era pequeña, me hubiera gustado hacerme pequeñita para poder dormir en una caja de cerillas y estar llena después de comerme una fresa silvestre. Por eso me divierte tanto hacer cosas de tamaño mucho mayor del real; puedo hacer como si fuera diminuta.

Las fresas se confeccionan igual que las de la página 36, y con los mismos materiales, sólo que más grandes.

Obsérvese que el patrón está cortado para que entre en toda la página; unir las dos partes para casar los puntos A y los B. El patrón incluye también una línea de doblez y se debe hacer el doble de grande.

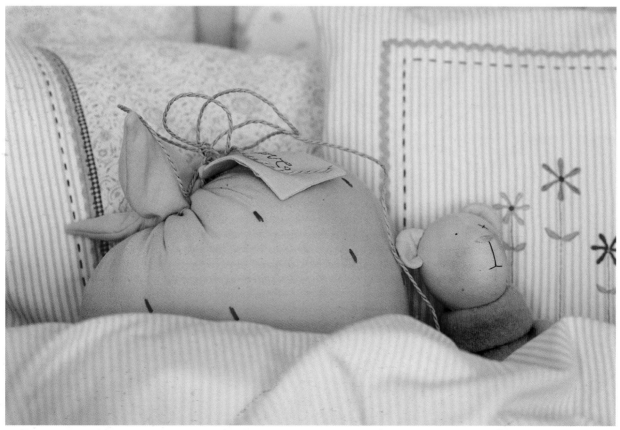

Agradecimientos

Las fotografías del libro se realizaron en el Kunstforeningen Verdens Ende, un club de arte de Budalsgården, una antigua rectoría de los años 1820 en la isla de Tjøme. El edificio se suele utilizar para exposiciones y eventos durante todo el año y bien merece una visita.

Tanto la fotografía de Grethe Syvertsen Arnstad como el estilismo de Ingrid Skonfar aportaron esa radiante luz que hizo maravillas, con un entusiasmo y una imaginación que me dejaron muda de admiración. En compañía de Jørn, que vive solo en la casa, rodeado de una magnífica naturaleza, pasamos unos días muy agradables, con un tiempo soleado.

Tengo la inmensa suerte de contar con una fantástica tienda de decoración llamada "Tinnies Hus" en la ciudad de al lado. Nos prestaron amablemente todos los muebles y objetos que pudiéramos desear. "Tinnies Hus" se encuentra en Tollbodgaten 19, en Tønsberg.

Los muebles para el invernadero y las preciosas flores proceden de la pequeña floristería "Tornerose" de Storgaten 41, Tønsberg.

Quiero dar las gracias a estas tiendas en especial por su contribución, que superó todas nuestras expectativas y siguen siendo para nosotros fuente de inspiración.

Muchas gracias también a:
"Dinas Hus" y "Rørleggerbutikken" de Tjøme, "Frisk Bris" de Hvasser, "Gallery Gudem" de Tønsberg, "Noa Noa" de Tønsberg, Tove, Jørn, Åge y Gerd, Torje y, naturalmente, a Totto. También me gustaría dar las gracias a todas mis buenas amigas que siempre están dispuestas a echar una mano, sobre todo a Eirin.

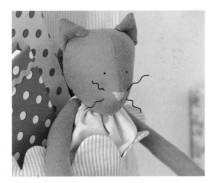

Patrones

En las instrucciones de cada proyecto se indica la página del patrón correspondiente. Las aberturas se señalan con líneas de puntos.

ME significa margen de costura extra y se incluye en donde se necesita una costura especialmente ancha. Coser siempre hacia fuera los márgenes de costura que terminan en una abertura. El fieltro no se deshila, por lo que no es necesario dejar margen de costura en las aberturas y en los bordes que se vayan a coser con otra pieza. Se indican en el patrón con líneas de puntos, por las que se debe cortar.

MOTIVOS DE BORDADO

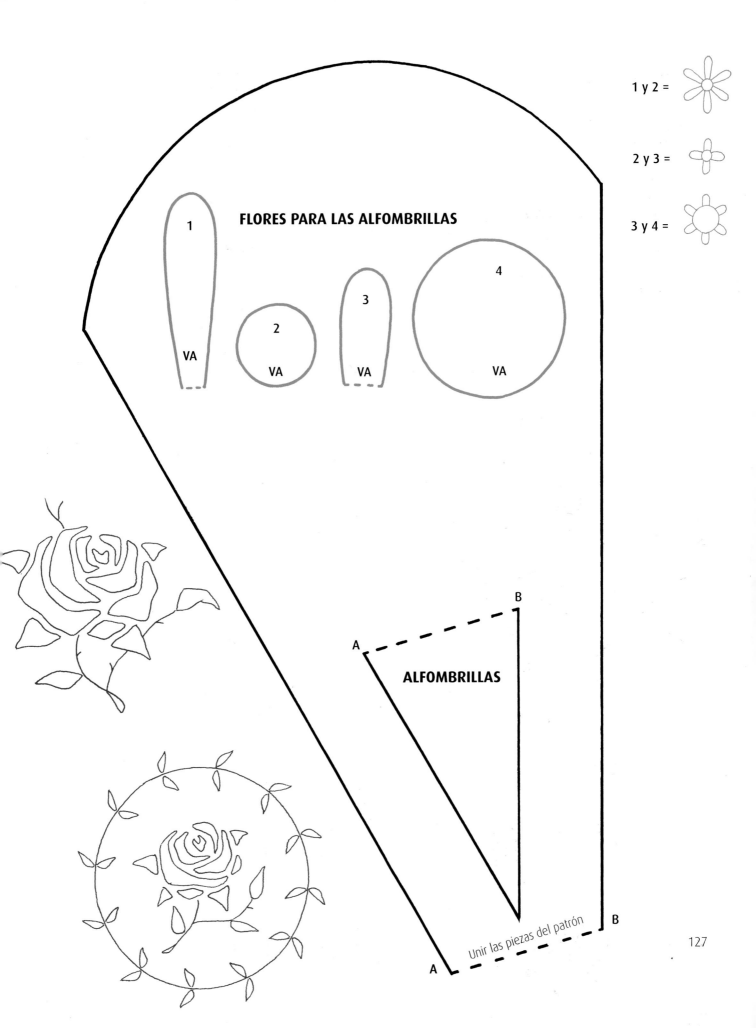

1 y 2 =

2 y 3 =

3 y 4 =

FLORES PARA LAS ALFOMBRILLAS

1

VA

2

VA

3

VA

4

VA

B

A

ALFOMBRILLAS

B

Unir las piezas del patrón

A

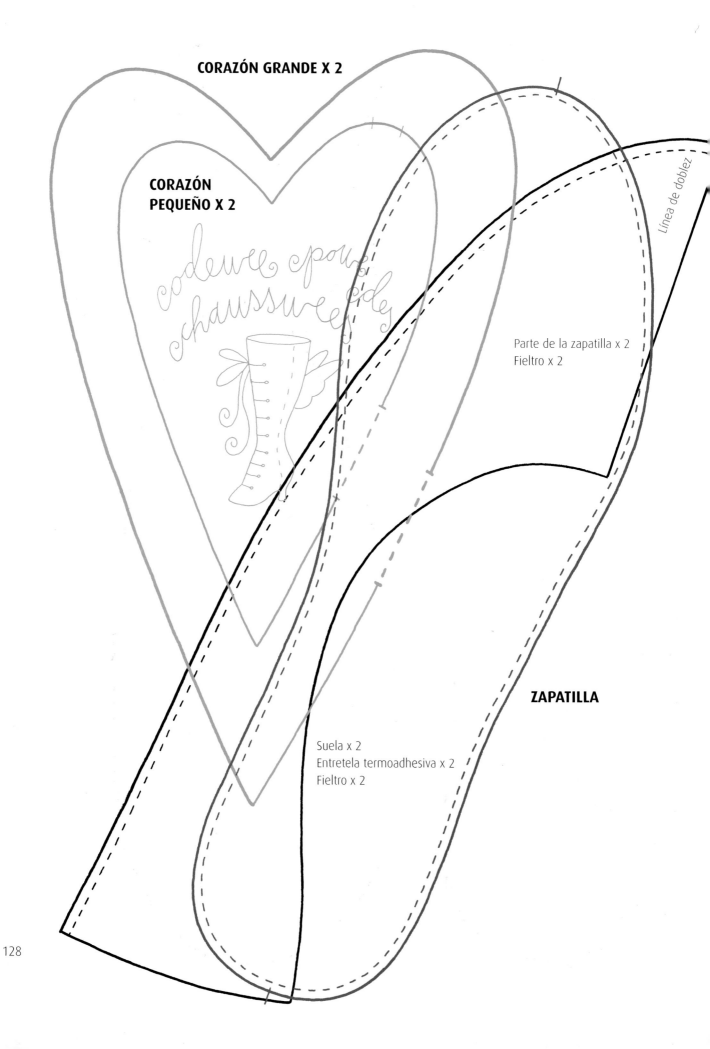

CORAZÓN GRANDE X 2

**CORAZÓN
PEQUEÑO X 2**

Línea de doblez

Parte de la zapatilla x 2
Fieltro x 2

ZAPATILLA

Suela x 2
Entretela termoadhesiva x 2
Fieltro x 2

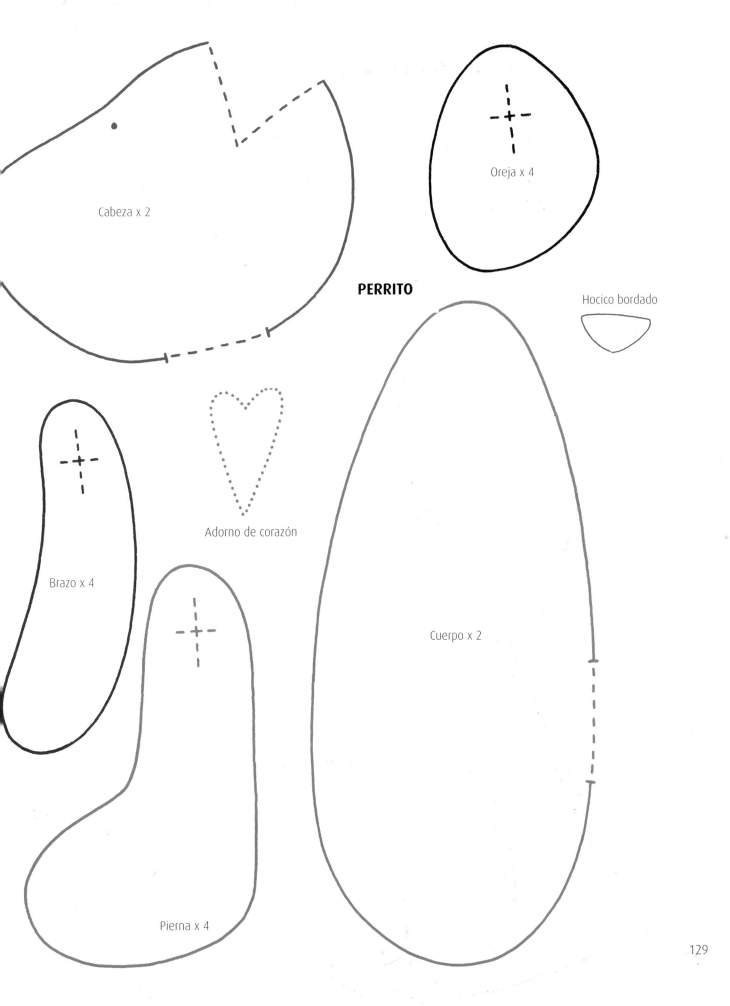

Cabeza x 2

Oreja x 4

PERRITO

Hocico bordado

Adorno de corazón

Brazo x 4

Cuerpo x 2

Pierna x 4

129

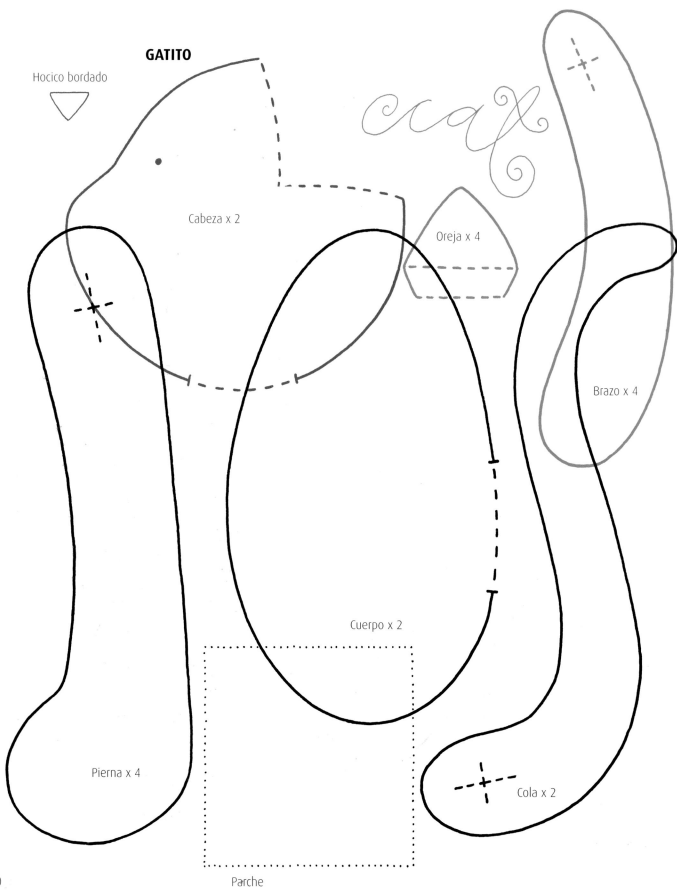

GATITO

Hocico bordado

Cabeza x 2

Oreja x 4

Brazo x 4

Cuerpo x 2

Pierna x 4

Cola x 2

Parche

Borde a ondas

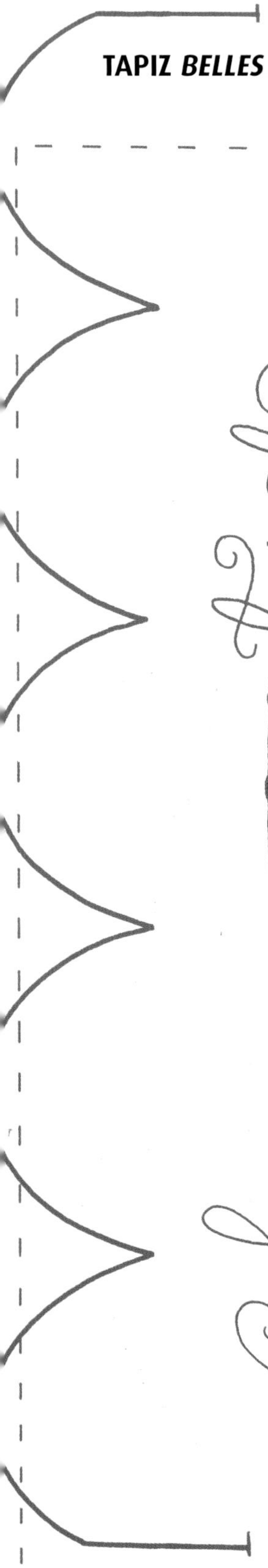

TAPIZ *BELLES TENTATIONS*

FRESAS PERFUMADAS

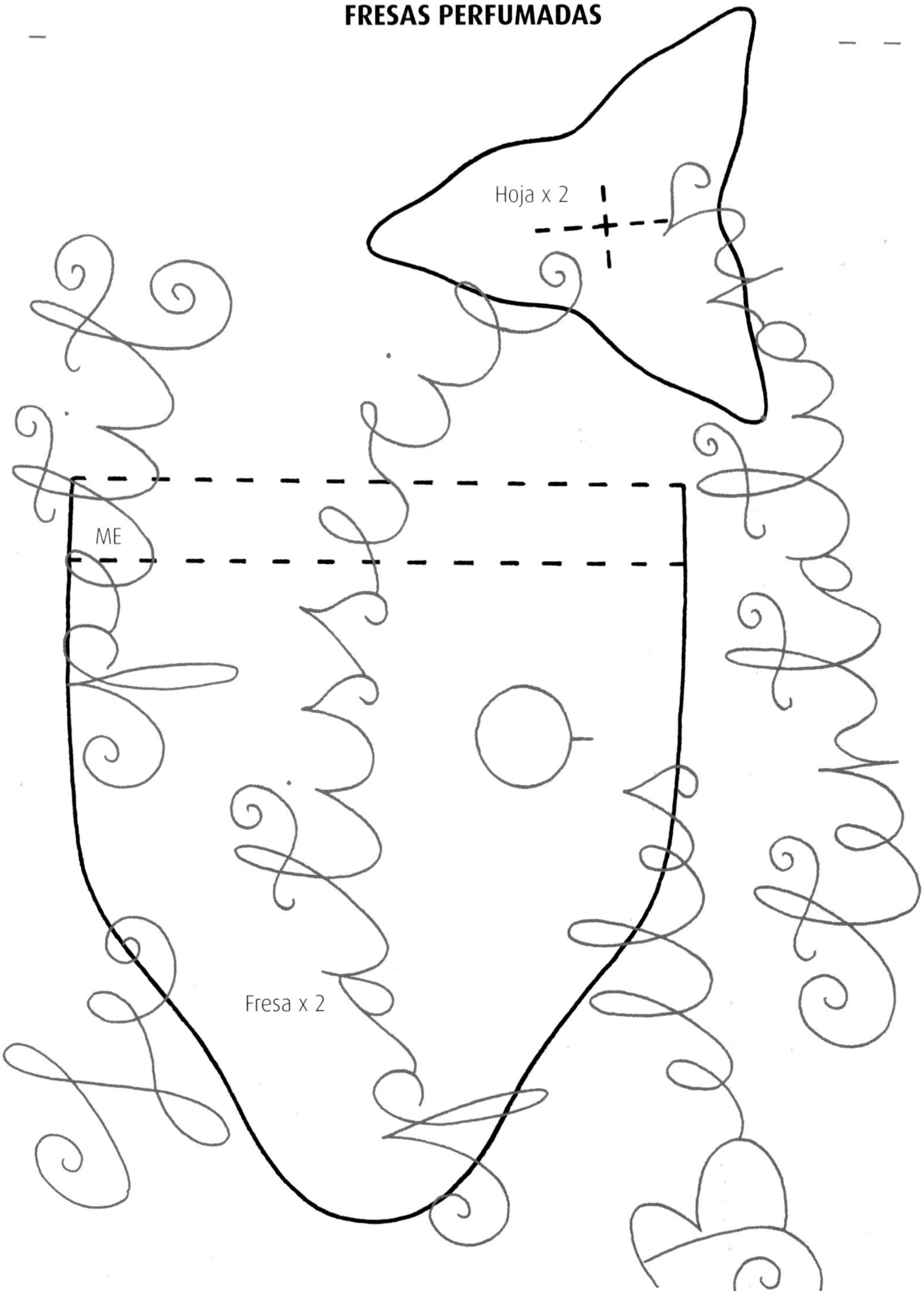

Hoja x 2

ME

Fresa x 2

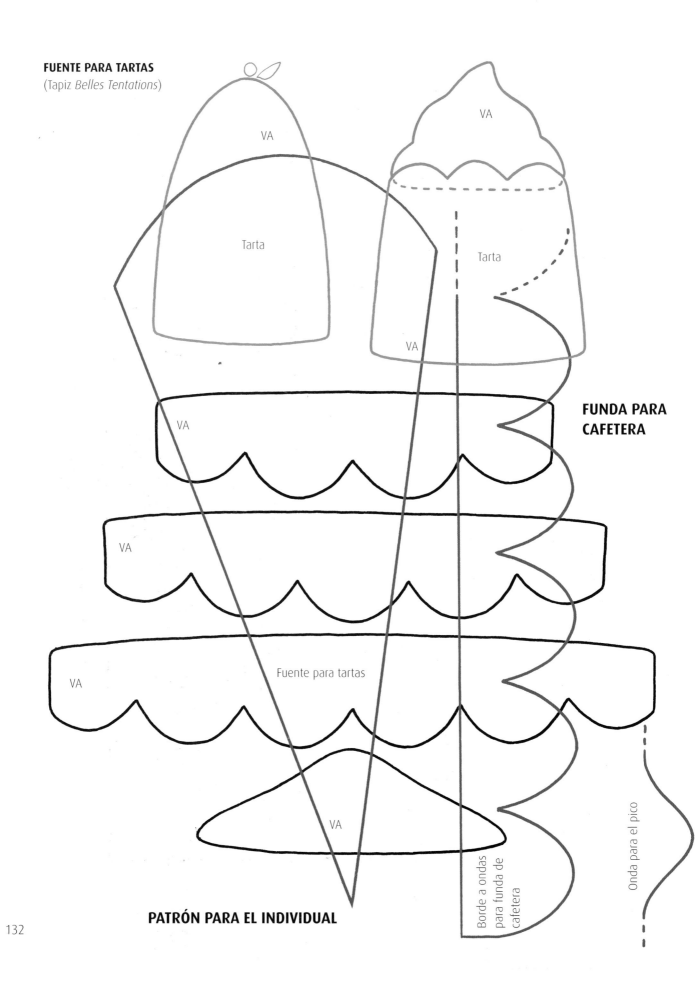

FUENTE PARA TARTAS
(Tapiz *Belles Tentations*)

VA

VA

Tarta

Tarta

VA

FUNDA PARA CAFETERA

VA

VA

VA

Fuente para tartas

VA

Borde a ondas para funda de cafetera

Onda para el pico

PATRÓN PARA EL INDIVIDUAL

132

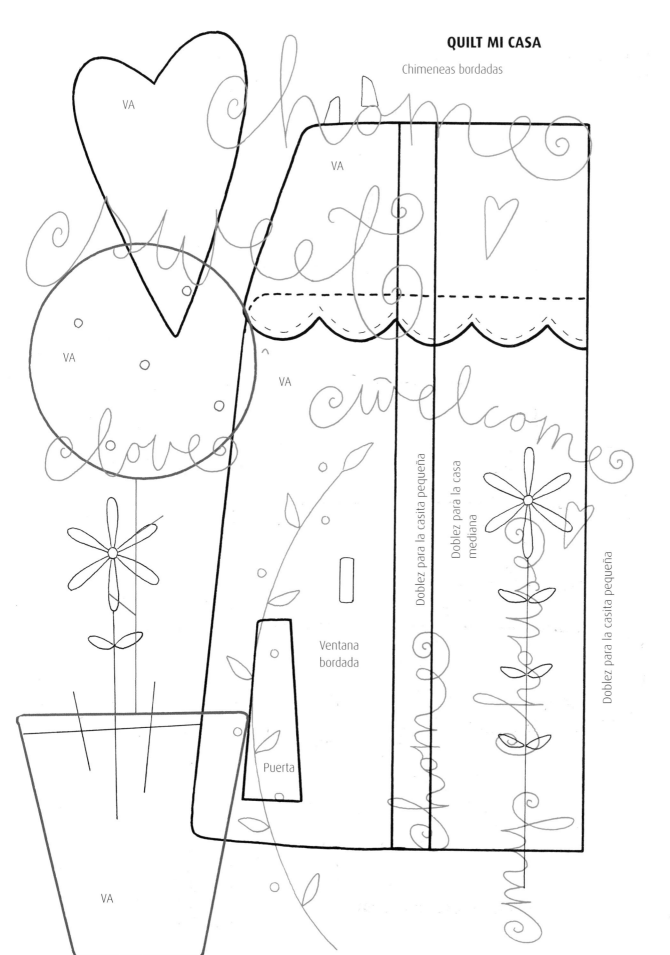

QUILT MI CASA

Chimeneas bordadas

VA

VA

VA

VA

VA

Ventana
bordada

Puerta

Doblez para la casita pequeña

Doblez para la casa
mediana

Doblez para la casita pequeña

VA

133

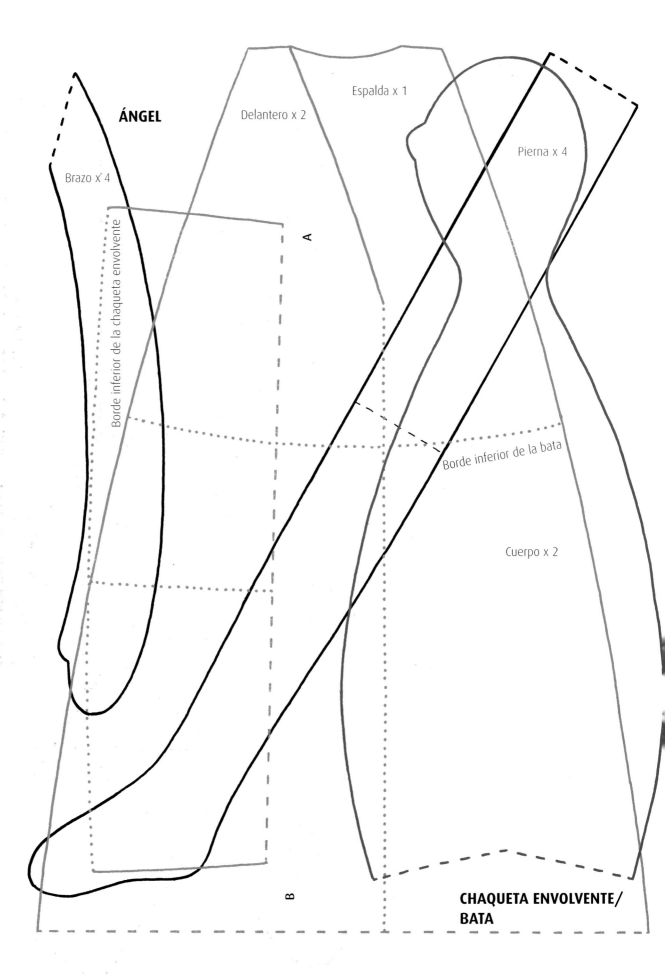

ÁNGEL

Brazo x 4

Delantero x 2

Espalda x 1

Pierna x 4

Borde inferior de la chaqueta envolvente

A

Borde inferior de la bata

Cuerpo x 2

B

**CHAQUETA ENVOLVENTE/
BATA**

A

Unir las partes del patrón

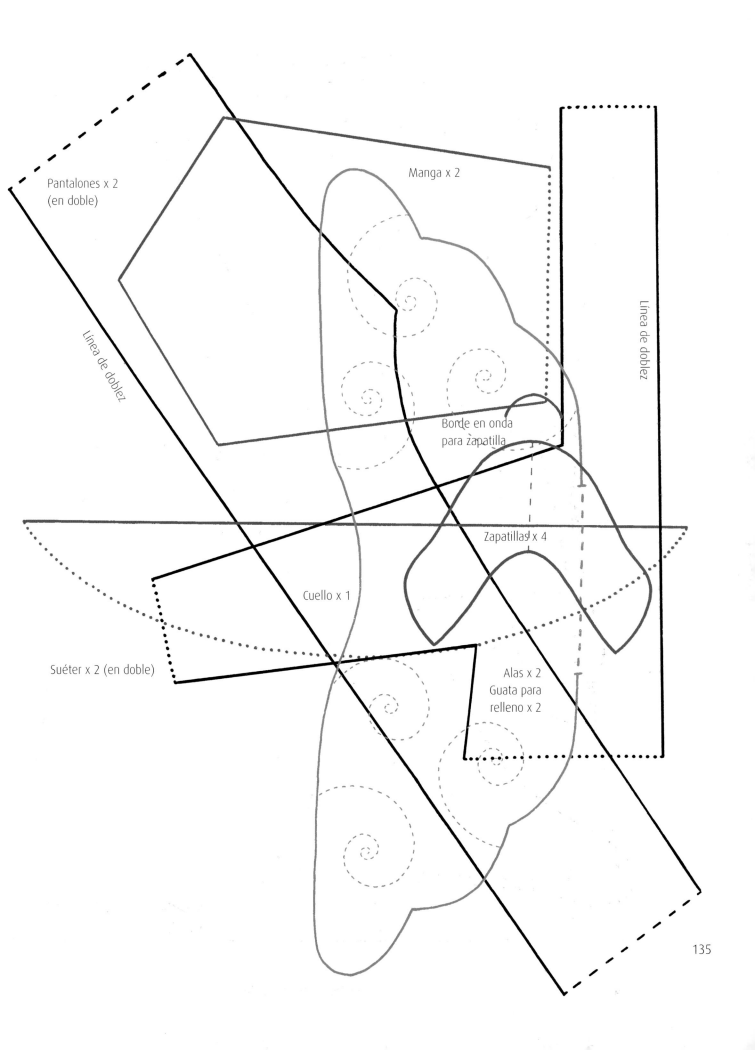

Pantalones x 2
(en doble)

Manga x 2

Línea de doblez

Línea de doblez

Borde en onda
para zapatilla

Zapatillas x 4

Cuello x 1

Suéter x 2 (en doble)

Alas x 2
Guata para
relleno x 2

135

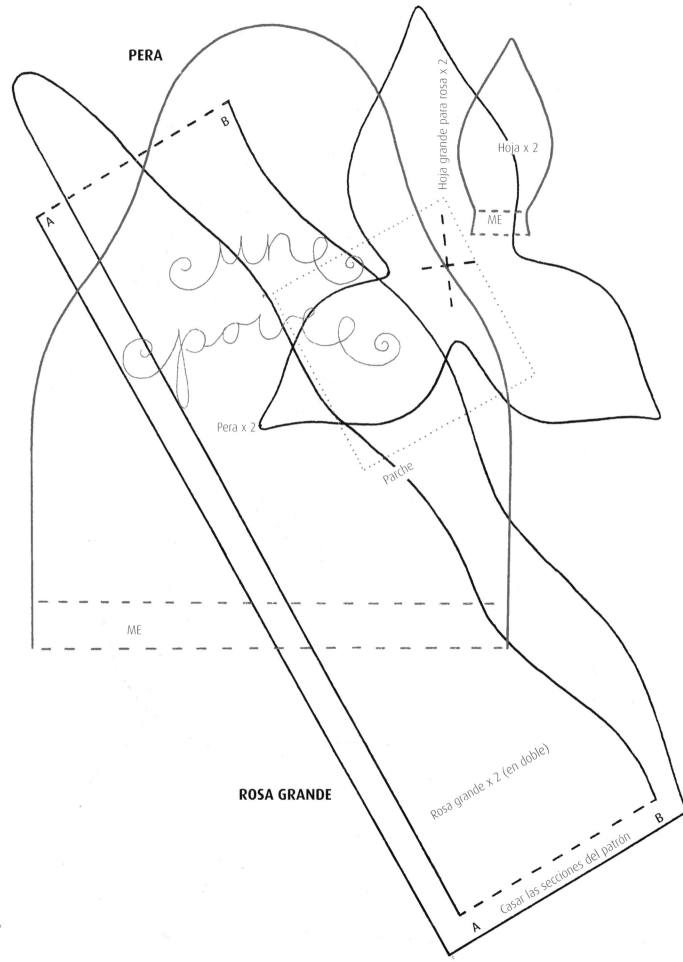

PERA

B

A

une
poire

Hoja grande para rosa x 2

Hoja x 2

ME

Pera x 2

Parche

ME

ROSA GRANDE

Rosa grande x 2 (en doble)

A

B

Casar las secciones del patrón

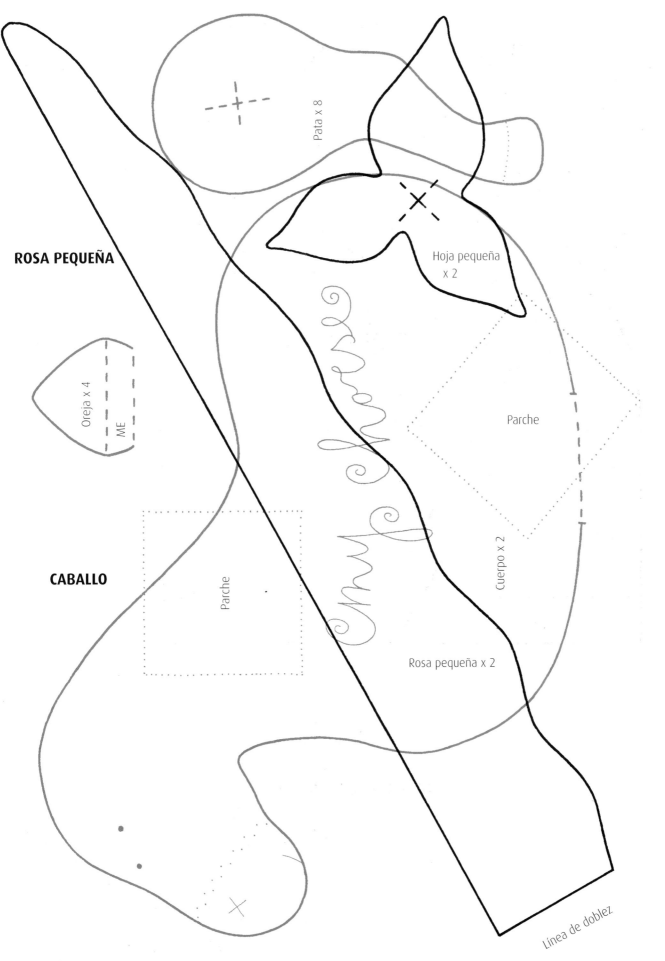

ROSA PEQUEÑA

Pata x 8

Hoja pequeña x 2

Oreja x 4

ME

CABALLO

Parche

Parche

Cuerpo x 2

Rosa pequeña x 2

Línea de doblez

137

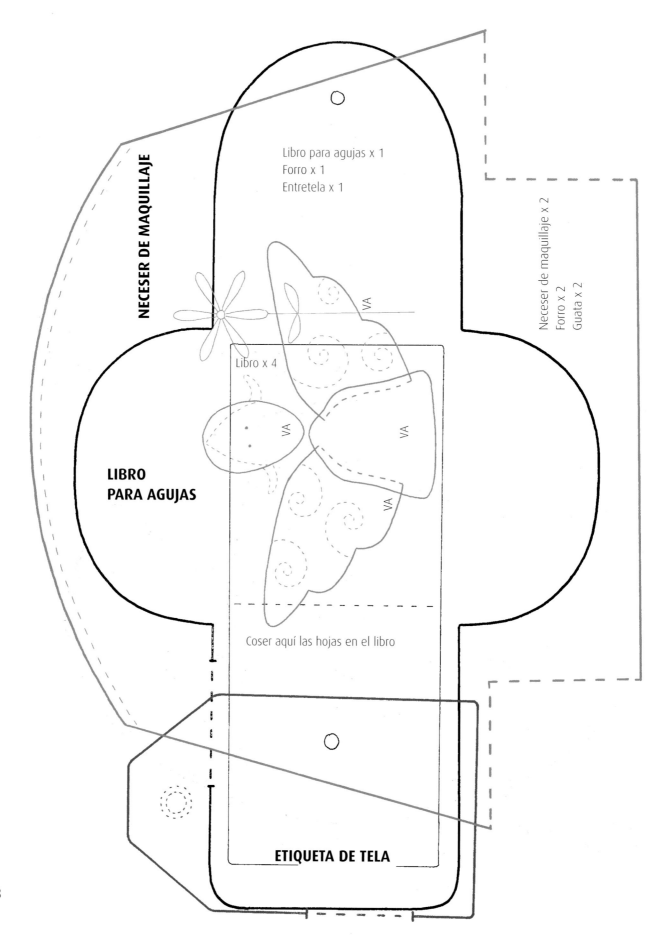

NECESER DE MAQUILLAJE

Libro para agujas x 1
Forro x 1
Entretela x 1

Neceser de maquillaje x 2
Forro x 2
Guata x 2

Libro x 4

VA

VA

VA

VA

LIBRO
PARA AGUJAS

Coser aquí las hojas en el libro

ETIQUETA DE TELA

MOTIVO PARA EL ALFILETERO

MOTIVO PARA LA BOLSITA DE BOTONES

MOTIVO PARA LA BOLSA POMPADOUR

TAPIZ AGUA DE ROSAS

VA

VA

VA

Ángel, ver la página 139

A

Casar las secciones del patrón

B

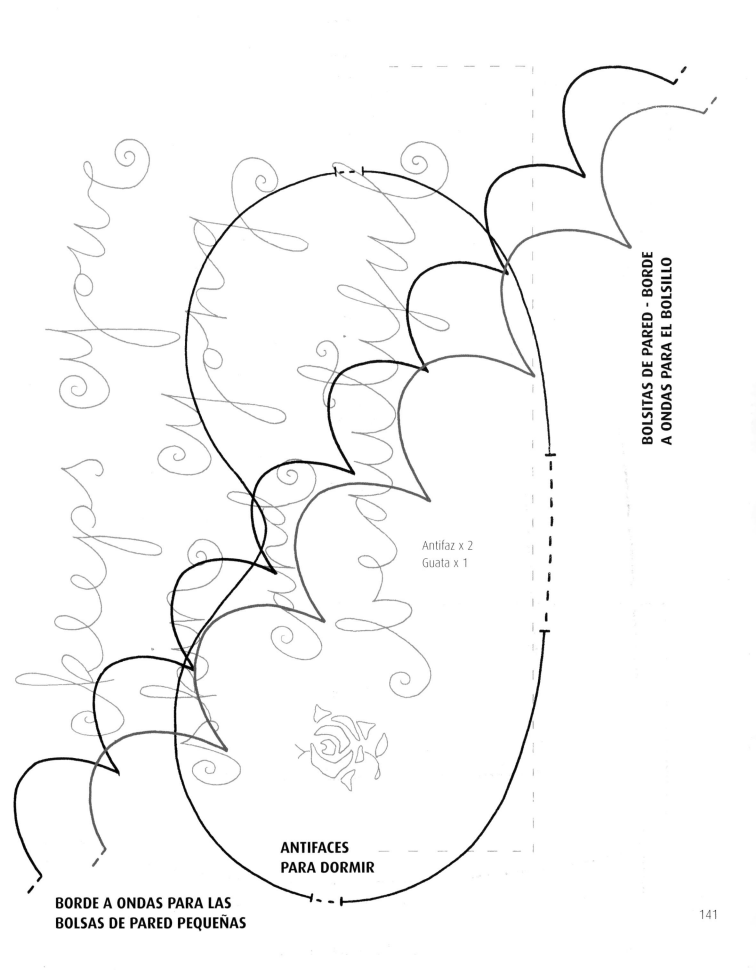

BOLSITAS DE PARED - BORDE
A ONDAS PARA EL BOLSILLO

Antifaz x 2
Guata x 1

ANTIFACES
PARA DORMIR

BORDE A ONDAS PARA LAS
BOLSAS DE PARED PEQUEÑAS

141

FUNDA PARA BOLSA DE AGUA CALIENTE

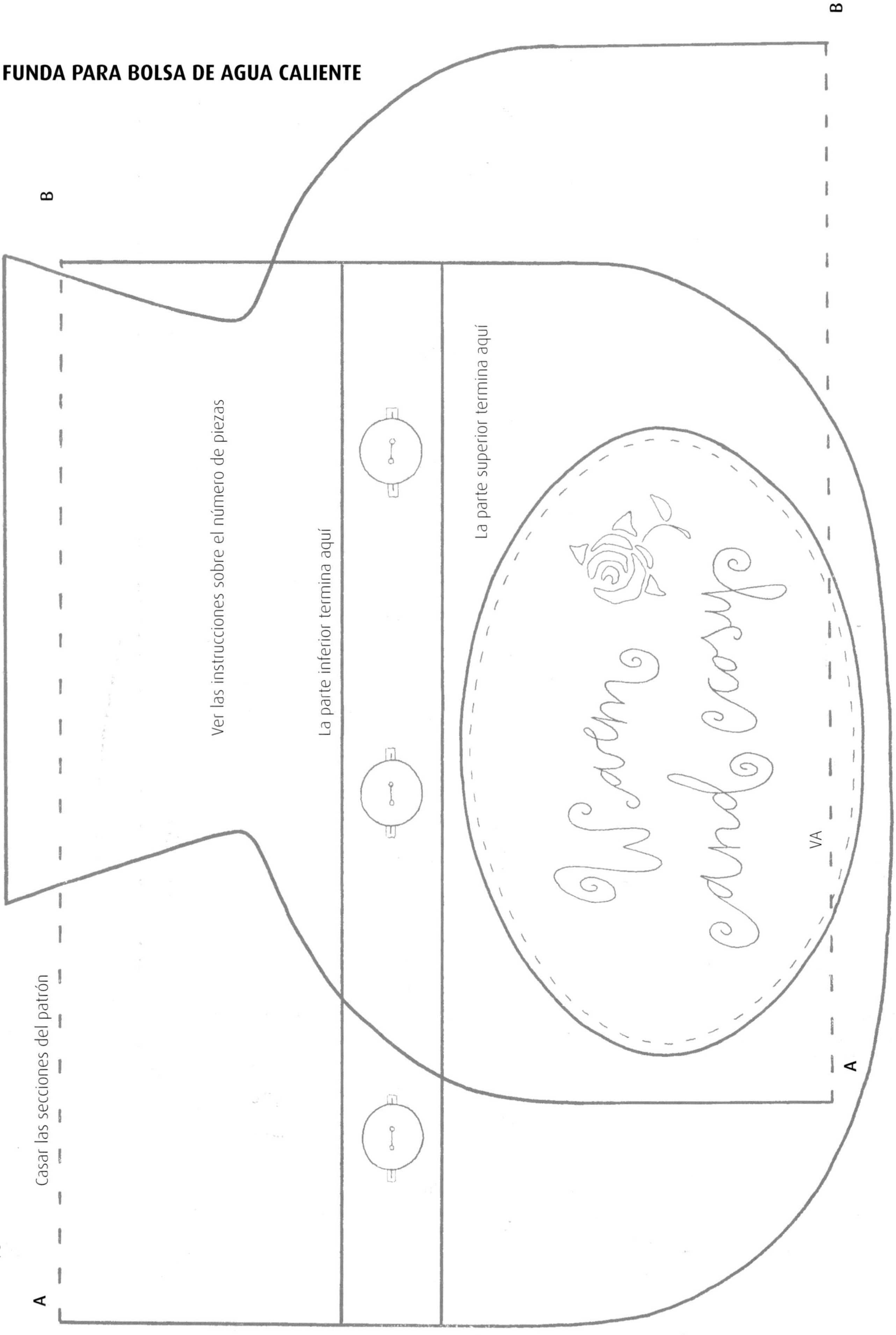

A

B

B

A

Casar las secciones del patrón

Ver las instrucciones sobre el número de piezas

La parte inferior termina aquí

La parte superior termina aquí

Warm and cosy

VA

OSITO

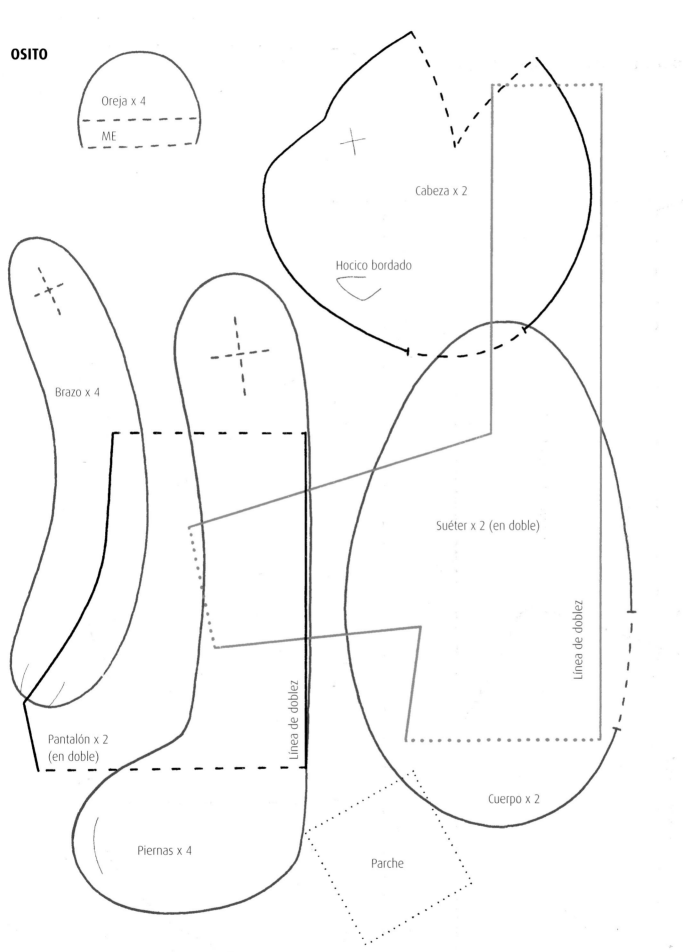

Oreja x 4

ME

Cabeza x 2

Hocico bordado

Brazo x 4

Suéter x 2 (en doble)

Línea de doblez

Línea de doblez

Pantalón x 2
(en doble)

Línea de doblez

Cuerpo x 2

Piernas x 4

Parche

143

ME

COJINES DE FRESA

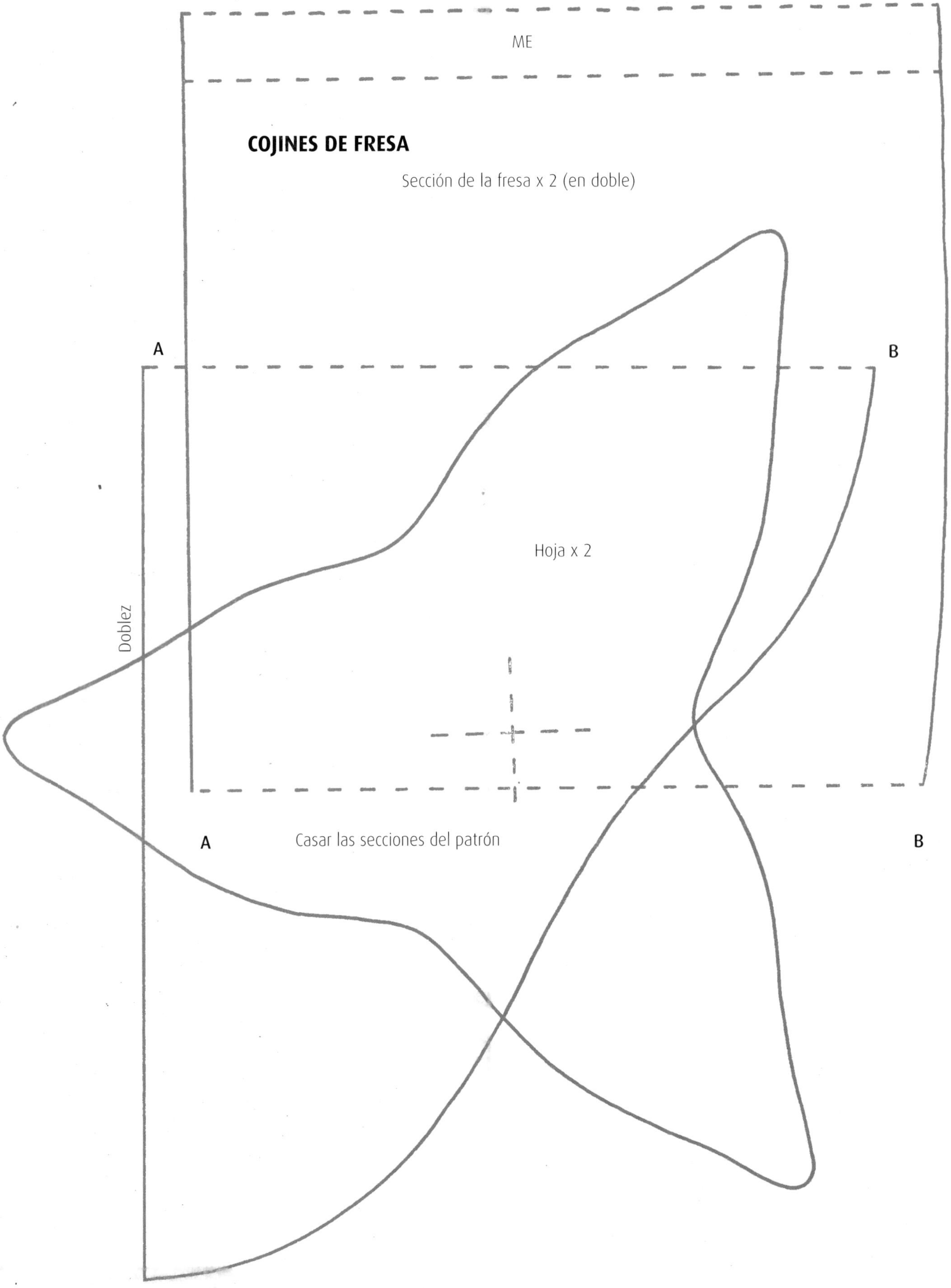

Sección de la fresa x 2 (en doble)

Doblez

Hoja x 2

A

B

A

Casar las secciones del patrón

B

144